खिड़की खोल दो

[नाट्य संकलन]

खिड़की खोल दो

वर्षा दास

राजकमल प्रकाशन

ISBN : 978-81-267-2967-8

मूल्य : ₹ 300

पहला संस्करण : 2017

प्रकाशक : राजकमल प्रकाशन प्रा. लि.
1-बी, नेताजी सुभाष मार्ग, दरियागंज
नई दिल्ली-110 002

शाखाएँ : अशोक राजपथ, साइंस कॉलेज के सामने, पटना-800 006
पहली मंजिल, दरबारी बिल्डिंग, महात्मा गांधी मार्ग, इलाहाबाद-211 001
36 ए, शेक्सपियर सरणी, कोलकाता-700 017

वेबसाइट : www.rajkamalprakashan.com
ई-मेल : info@rajkamalprakashan.com

मुद्रक : बी.के. ऑफसेट
नवीन शाहदरा, दिल्ली-110 032

KHIRAKI KHOL DO
Plays by Varsha Das

अनुक्रम

नहीं, कभी नहीं

पात्र-परिचय

सूर्य	: 57		[चपरासी
नेहा–निशा	: 42		वेटर]
चन्द्र	: 45		

दृश्य–1

[ट्रेन की सीटी बजती है। तेज़ रफ़्तार से ट्रेन चलती है। फिर आवाज़ धीमी हो जाती है।]

सूर्य : मेरा नाम सूर्य। आपका?

नेहा : नेहा।

सूर्य : बेंगलोर जा रही हैं?

नेहा : जी हाँ।

सूर्य : मैं भी बेंगलोर जा रहा हूँ। क्या आप बेंगलोर में रहती हैं?

नेहा : जी नहीं।

सूर्य : तो फिर? आपका मायका वहाँ होगा? मायका नहीं तो ससुराल होगा?

नेहा : कुछ भी नहीं है।

सूर्य : अच्छा, अच्छा, यूँ ही घूमने जा रही होंगी। लेकिन अकेली?

नेहा : *(हँसकर)* आपकी उत्सुकता का जवाब नहीं।

सूर्य : *(झेंपकर)* नहीं, नहीं, ऐसी बात नहीं है। माफ़ कीजिएगा। मैंने सोचा, आप अकेली हैं। शायद बोर हो रही होंगी, इसीलिए...सोचा...आपसे कुछ बातें करूँ।

नेहा : जी नहीं, मैं बिलकुल बोर नहीं हो रही। अकेले सफ़र करना मुझे अच्छा लगता है। और चुपचाप बैठे रहने में तो सबसे अधिक आनन्द आता है।

सूर्य : *(झेंपकर)* ओह, आई एम वेरी सॉरी! मैं वाकई शर्मिन्दा हूँ। अब बिलकुल नहीं बोलूँगा।

नेहा : नहीं, नहीं, यह बात नहीं है। लेकिन देखिए न, शहर का जीवन ही ऐसा है। कितने आतंक, कितने आघात, कितना शोर! इन्सान पागल हो जाए। अगर उसे दो घड़ी चुपचाप बैठने भी दिया न जाए तो क्या उसका दिमाग़ सही रह सकता है?

सूर्य : आप ठीक कह रही हैं। बिलकुल ठीक। लेकिन शहरी जीवन का और भी एक पहलू है।

नेहा : वह क्या?

सूर्य : *(उदास होकर)* लोगों की भीड़ के बीच भी आप अकेले हैं। अपनों के बीच भी आपको परायापन महसूस होता है। और रास्ते चलते *(भावुक होकर)* अचानक कोई अजनबी आपको अपना लगे, उससे बातें करने का मन हो, क्या ऐसा नहीं हो सकता?

नेहा : ज़रूर हो सकता है।

सूर्य : *(झिझककर)* इसीलिए मैं आपसे बातें करना चाहता था। ख़ैर, आपको एकान्त चाहिए न, मैं अब नहीं बोलूँगा।

नेहा : आप बुरा मान गए?

सूर्य : सच कहूँ, बुरा तो नहीं लेकिन थोड़ा सा दुख ज़रूर हुआ।

नेहा : मैं माफ़ी चाहती हूँ। आपको दुख पहुँचाने का मेरा बिलकुल इरादा नहीं था।

सूर्य : अब छोड़िए इस बात को।

नेहा : *(हँसकर)* हाँ, तो आप क्या पूछ रहे थे? बेंगलोर में मेरा मायका है या ससुराल?

सूर्य : *(हँसकर)* जी हाँ। लेकिन भूल जाइए उस बात को। मैं तो सिर्फ़ बातें करना चाहता था।

नेहा : *(हँसकर)* ख़ैर, अब आपने सवाल पूछा ही है तो उसका जवाब भी जान लीजिए। बेंगलोर में न मेरा मायका है, न ससुराल।

सूर्य : तो फिर?

नेहा : बेंगलोर के पास एक स्कूल में मेरा बेटा पढ़ रहा है। उसे मिलने जा रही हूँ।

सूर्य : और मैं अपने ऑफ़िस के काम से जा रहा हूँ। परसों इसी ट्रेन से दिल्ली लौटूँगा।

नेहा : *(ख़ुश होकर)* अच्छा? परसों मैं भी इसी ट्रेन से दिल्ली लौटूँगी।

सूर्य : इस बार जैसे फ़र्स्टक्लास के इस कम्पार्टमेंट में केवल आप और मैं हैं, उसी तरह लौटते हुए भी एक साथ सीट मिल जाए तो मज़ा आ जाएगा।

नेहा : *(हँसकर)* जी हाँ। फिर आप मेरे पुरखों का अता-पता भी पूछ पाएँगे।

[दोनों हँसते हैं।]

सूर्य : नेहा जी, दिल्ली में आप क्या करती हैं? कहीं नौकरी या सिर्फ़ पति की सेवा?

नेहा : नौकरी करती हूँ। और मेरे पति नहीं हैं।

सूर्य : ओह, आई एम सॉरी! उनका देहान्त हो गया क्या?

नेहा : नहीं। *(गम्भीर स्वर)* मैंने तलाक़ लिया है।

सूर्य : आपने?

नेहा : जी हाँ, मैंने ही उसे छोड़ दिया।

सूर्य : तब तो आपकी हिम्मत की दाद देनी चाहिए।

नेहा : आपने कैसे मान लिया कि मैंने हिम्मत का ही कोई काम किया होगा? पति को छोड़नेवाली महिला को लोग न जाने क्या-क्या कहते हैं!

सूर्य : आपका चरित्र आपके चेहरे पर साफ़-साफ़ लिखा है। मैं तो क्या, कोई अनपढ़ भी पढ़ ले।

नेहा : *(हँसकर)* अच्छा? तो आपने क्या पढ़ा, ज़रा मैं भी सुनूँ?

सूर्य : सुनिए! ज़रा ग़ौर से सुनिए। यहाँ लिखा है कि *(धीरे-धीरे पढ़ता हो, इस तरह बोलता है)* यह महिला अन्याय सह नहीं सकती। अत्याचार के सामने झुक नहीं सकती। उसकी सबसे बड़ी शक्ति है उसका आत्म-सम्मान।

नेहा : बस, बस, बस। इतने से चेहरे पर इतना सारा लिखा है?

सूर्य : अरे, अभी तो आपकी बिन्दी तक ही पहुँचा हूँ। और भी क्या-क्या लिखा है, यह सुनिए न?

नेहा : बस, इतना ही काफ़ी है। वैसे मैं मान गई कि आप बहुत कुछ पढ़ सकते हैं।

सूर्य : *(हँसकर)* वो तो मानना ही पड़ेगा। नेहा जी, आप उन महिलाओं में से नहीं हैं जो पति को अपना सर्वस्व मानकर, अपनापन खोकर, उसी की साँसों पर जीती रहें।

नेहा : आपने बिलकुल ठीक कहा। अब वह ज़माना नहीं रहा कि मर्द अपनी मनमानी करता रहे और औरत अपने घूँघट में मुँह छुपाकर चुपचाप रोती रहे।

सूर्य : वह बात तो ठीक है, लेकिन हमारे समाज में इस तरह अकेला जीना आसान नहीं है। पश्चिम की बात और है।

नेहा : मानती हूँ। अकेली औरत को देखकर उसके इर्द-गिर्द कई भँवरे मँडराने लगते हैं। उसे बेसहारा और लाचार समझकर उसकी मदद करना चाहते हैं।

सूर्य : कोई मदद करना चाहे तो इसमें बुरा क्या है?

नेहा : मदद का तो बहाना होता है जनाब! मदद के नाम से भँवरे नज़दीक आते हैं और मौक़ा मिलते ही रस चूसकर उड़ जाते हैं। इसमें औरत ही बदनाम होती है। छी:, मुझे तो घिन आती है ऐसे मर्दों से!

सूर्य : आप ठीक कह रही हैं। मर्द की ज़ात ही ऐसी है। लेकिन नेहा जी, सारे मर्द ऐसे नहीं होते।

नेहा : *(हँसकर)* जी हाँ, वो तो मैं जानती हूँ। नियम के साथ अपवाद भी होता है। लेकिन कुत्ते की दुम ज़मीन में दस साल तक गाड़कर रखने के बाद भी, जब बाहर निकालोगे तो फिर ऊँची हो जाएगी।

सूर्य : *(हँसकर)* और अगर वह आल्सेशियन कुत्ता होगा तो तुम नीची ही रहेगी!

नेहा : आल्सेशियन कम ही होते हैं।

सूर्य : लेकिन होते ज़रूर हैं। *(दोनों हँसते हैं।)*

[ट्रेन की आवाज़। ट्रेन रुकती है। स्टेशन की आवाज़ें]

सूर्य : चाय पीएँगी?

नेहा : चलिए।

सूर्य : आप यहीं बैठिए। मैं ले आता हूँ।

[स्टेशन की आवाज़ें]

सूर्य : ये लीजिए।

नेहा : थैंक्यू।

[कप-प्लेट की आवाज़ें]

सूर्य : सुना है, इस स्टेशन की चाय बहुत बढ़िया होती है।

नेहा : चाय? मैंने तो सुना है, यहाँ की रबड़ी बहुत बढ़िया होती है!

सूर्य : अरे, आपने पहले क्यों नहीं बताया?

नेहा : चलिए, इसी गाड़ी से हम लौट रहे हैं न, तब चख लेंगे।

सूर्य : लाइए, कप लौटा दूँ। *(कप-प्लेट की आवाज़)*

नेहा : थैंक्यू।

[गाड़ी चलने की आवाज़]

सूर्य : नेहा जी, आपका बेटा कौन-सी क्लास में है?

नेहा : आठवीं में।

सूर्य : एक बेटा ही है?

नेहा : एक बेटी भी।

सूर्य : वह कहाँ है?

नेहा : वह दिल्ली में पढ़ती है। देखिए जनाब, आपने मुझसे तो इतने सारे सवाल पूछ लिये, अब अपने बारे में भी कुछ बताइए।

सूर्य : *(उदास होकर, दीर्घ निःश्वास के साथ)* मेरा भी छोटा-सा परिवार है। पत्नी अंग्रेज़ है। दो साल हुए, इंग्लैंड लौट गई है। विदुषी महिला है। ऑक्सफ़र्ड में पढ़ाती है। और...एक बेटी भी है। वह पाँच साल पहले हावर्ड में पढ़ने गई थी। अब वहीं विवाह कर लिया है और वहीं रहेगी।

नेहा : अरे, छोटा-सा परिवार और तीनों अलग-अलग?

सूर्य : *(दीर्घ निःश्वास)* हाँ। एक सपने जैसा सुन्दर संसार था। लेकिन न जाने कैसी हवा चली, घोंसले के सारे तिनके इधर-उधर बिखर गए।

नेहा : ऐसा मत कहिए सूर्य बाबू। अभी घोंसला टूटा कहाँ है। पत्नी आपके पास नहीं तो क्या हुआ? है तो सही। आप ऑक्सफ़र्ड क्यों नहीं चले जाते?

सूर्य : मैं वहाँ क्या करूँ? हेलन की तो...हेलन मेरी पत्नी का नाम है, वहाँ नौकरी है।

नेहा : हेलन कितने साल भारत में रहीं?

सूर्य : पूरे बीस साल। शुरू में तो साड़ी पहनती थी। बाल भी लम्बे रखे थे। बिन्दी लगाती थी। लेकिन धीरे-धीरे बाल काट लिये। साड़ी की जगह ड्रेसिस पहनने लगी। और बिन्दी? *(आह भरकर)* बिन्दी तो न जाने कहाँ उड़ गई!

नेहा : ऊपर के पहनावे को आप इतना महत्त्व क्यों देते हैं? भीतर से तो वह आप पर जान देने को तैयार होंगी।

सूर्य : हाँ, आप ठीक कहती हैं। वह मुझे बहुत चाहती है। मेरे बिना वह अपने अस्तित्व को अधूरा समझती है।

नेहा : तो आप जाइए न वहाँ! क्या आप अपनी पत्नी को नहीं चाहते?

सूर्य : *(झिझककर)* मैं...मैं भी उसे बहुत चाहता था। मैंने तो अपने-आपको पूरी तरह से उसके हाथों में सौंप दिया था। जब से वह मेरे जीवन में आई तब से मैंने छोटा या बड़ा कोई निर्णय ही नहीं लिया। मैं क्या खाऊँ, क्या पहनूँ, क्या पढ़ूँ, किससे मिलूँ, सब कुछ वही तय करती थी।

नेहा : *(आश्चर्य से)* इस प्रकार का सम्पूर्ण समर्पित जीवन आप पसन्द करते हैं?

सूर्य : उस समय तो मैं उसी एक जीवन को जानता था जो वह चलाती थी। उसके सिवा और भी कोई जीवन होता है, यह मुझे मालूम ही नहीं था।

नेहा : यानी पूरी तरह से सुरक्षित...!

सूर्य : हाँ, सोने के पिंजरे में सुहावना तोता!

नेहा : नहीं-नहीं, ऐसा तो मैंने नहीं कहा।

सूर्य : लेकिन मैं कह रहा हूँ।

नेहा : ऐसी स्थिति में वह अचानक चली क्यों गईं? उन्होंने सोचा नहीं कि उनके जाने के बाद उस तोते को दाना-पानी कौन देगा?

सूर्य : देखिए न नेहा जी, पूर्व और पश्चिम की सोच में कुछ फ़र्क़ होता है। हमारे पैर ज़मीन पर कम ही होते हैं। हेलन ने सोचा कि वह इंग्लैंड में ज़्यादा पैसे कमा पाएगी। उनके यहाँ तनख़्वाह, रिटायर्ड होने पर पेंशन, अन्य सुविधाएँ, सब कुछ बहुत ज़्यादा हैं। सुख-सुविधा के लिए पैसे भी तो चाहिए। इसीलिए हमने ऐसा तय किया कि पहले वो वहाँ जाएगी और बाद में मेरे लिए भी कोई काम ढूँढ़कर मुझे बुला लेगी।

नेहा : *(ख़ुश होकर)* तब तो बहुत बढ़िया हो जाएगा। आपकी बेटी अमरीका में है, वो भी इंग्लैंड से काफ़ी नज़दीक हो जाएगी।

सूर्य : पिछले साल मैं गर्मियों की छुट्टी में वहाँ तीन महीने काट आया था। काम की बहुत तलाश की। कई लोगों से मिला। हेलन वहाँ बड़े-बड़े लोगों को जानती है। लेकिन बात नहीं बनी। आज कल हर जगह नौकरी की समस्या है।

नेहा : ओह, यह तो बहुत बुरा हुआ! इस तरह का जीवन आपको अजीब-सा लग रहा होगा। इस तरह अकेले...

सूर्य : अकेली तो आप भी हैं।

नेहा : मेरी बात अलग है। मैंने ही अपने पति को छोड़ा है। मैं तो अपने अकेलेपन से बहुत ख़ुश हूँ। लेकिन आप...आपको तो इस अकेलेपन में धकेल दिया गया है। अपनी मर्ज़ी के खिलाफ़।

सूर्य : हाँ, नेहाजी, हेलन के जाने के बाद कुछ महीने तो मेरी स्थिति त्रिशंकू जैसी हो गई थी। न यहाँ, न वहाँ। मैं क्या हूँ, कहाँ हूँ, क्यों इस परिस्थिति में हूँ, कुछ समझ नहीं पा रहा था। मानो पैरों तले धरती अचानक खिसक गई!

नेहा : *(सोचती हुई)* हूँ...आपको इतना असहाय छोड़कर आपकी पत्नी का इस तरह चले जाना, मुझे तो लगता है, ठीक नहीं हुआ।

सूर्य : हाँ। कई लोग यही कहते हैं। लेकिन अपने बारे में निर्णय करने का उसे पूरा अधिकार है। मैं उसे कैसे रोक सकता हूँ?

नेहा : तो अब आप क्या करेंगे?

सूर्य : कुछ समझ नहीं आ रहा। मेरी नौकरी भी छह महीनों के बाद ख़त्म हो रही है।

नेहा : *(आश्चर्य से)* क्या कह रहे हैं आप? क्या आप रिटायर्ड हो रहे हैं?

सूर्य : हाँ, इस अक्तूबर में अठावन पूरे होंगे।

नेहा : *(हँसकर)* आपकी उम्र पूरे दस साल कम लग रही है।

सूर्य : *(हँसकर)* थैंक्स। लेकिन हक़ीक़त कुछ और है।

नेहा : *(हँसकर)* चलिए, अच्छा ही है। अगर आप दस साल छोटे होते तो आपको अगले दस साल यहाँ अकेले रहना पड़ता। छह महीने तो यूँ कट जाएँगे।

सूर्य : *(दीर्घ निःश्वास)* हँ...समय कितनी तेज़ी से गुज़र रहा है!

नेहा : क्यों, क्या बात है? इंग्लैंड जाने के विचार से आप ख़ुश नहीं हैं क्या?

सूर्य : मैं वहाँ जाऊँ, तो हेलन बहुत ख़ुश होगी।

नेहा : और आप?

सूर्य : मैं? मैं...हाँ, हेलन की ख़ुशी में मेरी भी ख़ुशी है।

नेहा : लेकिन वह ख़ुशी आपके चेहरे पर क्यों नहीं झलकती?

सूर्य : *(झेंपकर)* नहीं, नहीं, ऐसी कोई बात नहीं है।

नेहा : कुछ बात ज़रूर है। शायद कोई बहुत ही निजी समस्या है। मैं और नहीं पूछूँगी। चलिए, दूसरी बात करते हैं। *(स्वर बदलकर)* आप कौन से ऑफ़िस में काम करते हैं?

सूर्य : *(गम्भीर स्वर)* नेहा जी, मैं बात बदलना नहीं चाहता। अगर आप सुनने से इनकार न करें तो मैं कुछ कहना चाहता हूँ।

नेहा : एक अजनबी से आप अपनी निजी बातें...

सूर्य : *(बात काटकर)* थोड़ी देर पहले ही मैंने कहा था न कि रास्ते चलते अचानक कोई अजनबी अपना लगता है। आपके सामने मैं शुरू के दो घंटे चुपचाप बैठा रहा था। आप किताब पढ़ रही थीं।

नेहा : *(हँसकर)* जी हाँ। ऐसी यात्रा में ही पढ़ने का समय मिलता है।

सूर्य : और मैं बैठा-बैठा आपका चेहरा पढ़ रहा था। ज्यों-ज्यों पढ़ता गया, त्यों-त्यों आप मुझे आत्मीय स्वजन-सी लगती गईं।

नेहा : *(आश्चर्य से)* क्या कह रहे हैं आप?

सूर्य : जी हाँ! *(भावुक होकर)* मेरा मन किया कि आपको मेरे भीतर उठ रहे ढेऊ में नहला दूँ। महीनों से छुपाकर रखे दुख-दर्द को एक सहृदयी के सामने ताश के पत्तों की तरह खोलकर रख दूँ। ओह, नेहा! मेरी बात सुनोगी?

नेहा : *(गम्भीर स्वर)* कहिए। ज़रूर सुनूँगी।

सूर्य : नेहा, मैं इंग्लैंड नहीं जाना चाहता। मैं वहाँ नहीं रह सकता। मैं इस देश को छोड़कर कहीं नहीं जी सकता।

नेहा : *(ख़ुश होकर)* सच! हाउ लकी वी आर टू बी इंडियंस!

सूर्य : हाँ, नेहा! मैं अपनी भाषा में थोड़ा-बहुत लिखता भी हूँ। उसके लिए मुझे यहाँ की धरती, हवा और पानी चाहिए। साँवले चेहरे, चमेली की ख़ुशबू, तारों भरा खुला आकाश चाहिए। नहीं, नहीं, मैं कहीं नहीं जा सकता।

नेहा : लेकिन पिछले साल तो आप वहाँ गए थे! नौकरी की तलाश भी कर रहे थे!

सूर्य : हाँ, हेलन यही चाहती थी। और मैं उसकी इच्छा के विरुद्ध कुछ सोच भी नहीं सकता था। लेकिन जब वहाँ कोई बात नहीं बनी तो...सच कहूँ? मैं मन-ही-मन ख़ुश हुआ। यहाँ अकेला मैं कैसे रहूँगा, क्या करूँगा, इसके बारे में तो कुछ सोच नहीं पाया था। लेकिन इंग्लैंड नहीं जाना पड़ेगा, इसी से ख़ुश हो गया!

नेहा : पर...हेलन को तो बहुत दुख हुआ होगा।

सूर्य : हाँ। भारत लौटने का दिन जैसे नज़दीक आता गया, हेलन रात-रात रोती रही। उसका रोना देखकर मुझे बुरा तो लगता था, लेकिन उससे घुटन भी महसूस होती थी। मन करता था, कहीं भाग जाऊँ।

नेहा : बड़े स्वार्थी हैं आप!

सूर्य : अपने अस्तित्व को पहचानना, अपने पैरों से धरती को छूना, उसे प्यार करना, उस सोने के पिंजरे से उड़ जाना— क्या स्वार्थ है?

नेहा : आप तो मेरी ही भाषा बोल रहे हैं!

सूर्य : फ़र्क़ सिर्फ़ इतना है कि आप पूरी तरह से स्वतंत्र हो पाई हैं। मैं दुर्बल हूँ। मुझमें इतना साहस नहीं कि मैं हेलन को समाज के सामने अपने से अलग कर दूँ।

नेहा : किसी को मन से अलग करना और समाज के सामने रिश्ता बनाए रखना धोखा नहीं है क्या?

सूर्य : *(दीर्घ निःश्वास)* हाँ, है। हेलन के साथ, समाज के साथ, और सबसे ज़्यादा तो अपने-आप के साथ धोखा है! इसी धुएँ को अपने भीतर दबाकर जी रहा हूँ। लेकिन कभी-कभी साँस लेना भी मुश्किल हो जाता है नेहा!

नेहा : *(दीर्घ निःश्वास)* एक ऐसी स्थिति जिसमें जीना भी मुश्किल और इससे बाहर निकलना भी मुश्किल!

[ट्रेन की आवाज़। सीटी। आवाज़ धीमी]

नेहा : *(भावुक होकर)* सूर्य!

सूर्य : *(अन्यमनस्क)* हँ?

नेहा : अब बेंगलोर आने ही वाला है।

सूर्य : *(अपने-आपको झकझोर कर, दीर्घ निःश्वास के साथ)* हं...*(रुककर)* नेहा, मुझे ग़लत मत समझना।

नेहा : बिलकुल नहीं सूर्य। हम सब ऐसे तूफ़ानों से गुज़रते ही रहते हैं। कोई किनारे पहुँच जाता है, कोई मँझधार में डूब जाता है।

सूर्य : बेंगलोर में कहाँ ठहरोगी?

नेहा : एक मित्र के घर।

सूर्य : सुनो नेहा, लौटते हुए इसी ट्रेन से साथ चलेंगे। तुमसे बहुत बातें करनी हैं।

नेहा : *(हँसकर)* और भी कुछ कहने को रह गया है क्या?

सूर्य : मैंने तो अभी शुरुआत ही की थी कि बेंगलोर आ गया!

नेहा : वैसे तो मैं परसों ही लौटना चाहती हूँ, लेकिन स्कूल में दो-चार दिन ज़्यादा रुक गई तो फिर दिल्ली में ही मुलाक़ात हो पाएगी।

सूर्य : अरे, दिल्ली का अपना पता तो दे दो।

नेहा : ये लीजिए मेरा कार्ड। ऑफ़िस का मेरा टेलीफ़ोन नंबर भी है।

सूर्य : थैंक्यू। एंड होप टू सी यू सून।

[ट्रेन रुकती है। स्टेशन का शोर]

नेहा : बाय सूर्य!

सूर्य : बाय!

दृश्य-2

[टेलीफ़ोन की घंटी]

नेहा : हलो!

सूर्य : नेहा?

नेहा : हाँ।

सूर्य : मैं सूर्य।

नेहा : ओह! हलो सूर्य, कैसे हो?

सूर्य : तुम बेंगलोर से कब लौटीं?

नेहा : मैं स्कूल में और दो दिन रुक गई थी।

सूर्य : आई मिस्ड यू। अब तुमसे मुलाक़ात कब हो सकती है?

नेहा : कल।

सूर्य : कल मेरे साथ खाना खाओगी?

नेहा : ज़रूर। दोपहर का या रात का?

सूर्य : दोनों।

नेहा : *(हँसकर)* दोनों तो नहीं। शाम का रखते हैं।

सूर्य : अच्छा, ठीक है। मैं तुम्हें शाम को लेने आऊँगा। साढ़े सात बजे आऊँ?

नेहा : ठीक है। तो कल मिलते हैं। बाय!

सूर्य : बाय।

[नेहा फ़ोन रखती है कि चपरासी दरवाज़ा खोलकर आता है।]

चपरासी : मैडम, कोई सा'ब आपको मिलना चाहते हैं।

नेहा : अन्दर भेजो।

चपरासी : जी, मैडम!

[चन्द्र दरवाज़े पर Knock करके आता है।]

चन्द्र : हलो नेहा!

नेहा : *(आश्चर्य से)* अरे चन्द्र, तुम? तुम तो इंग्लैंड गए थे न?

चन्द्र : हाँ। लौटते ही तुम्हें फ़ोन किया था। पता चला कि तुमने छुट्टी ली है। ख़ैरियत तो है?

नेहा : ओह, फ़र्स्टक्लास। बाबुल को मिलने चली गई थी।

चन्द्र : यानी बेंगलोर?

नेहा : हाँ, उसकी बहुत याद आ रही थी। सोचा, मिल ही आऊँ।

चन्द्र : वो ख़ुश है न वहाँ?

नेहा : हाँ, बहुत ख़ुश है। स्कूल का वातावरण भी इतना अच्छा है कि मेरा तो लौटने का मन ही नहीं कर रहा था! *(हँसती है)*

चन्द्र : यह लो नेहा, तुम्हारे लिए एक छोटा-सा गिफ़्ट।

नेहा : यह क्या चन्द्र? तुम जब भी बाहर जाते हो, मेरे लिए कुछ न कुछ ज़रूर ले आते हो।

चन्द्र : यह तो कुछ भी नहीं है नेहा। *(भावुक होकर)* तुम्हारे लिए मैं जान भी दे दूँ।

नेहा : ओह, प्लीज़, चन्द्र! पागल मत बनो।

चन्द्र : मैं सच कहता हूँ नेहा। ठीक पाँच साल पहले इस सेमिनार में तुमसे पहली बार मुलाक़ात हुई थी। तब से मैं तुम्हारे क़रीब आना चाहता था।

नेहा : क्यों?

चन्द्र : पता नहीं, तुममें क्या ऐसी चीज़ है! तुम्हारे साथ दो घड़ी बैठने को मिल जाए तो इतना आराम लगता है! तुम्हारी गोद में सिर रखकर कभी सो पाऊँ तो जागने का नाम न लूँ।

नेहा : ओह, चन्द्र! कैसी बातें कर रहे हो तुम? मैं तो अब बूढ़ी हो रही हूँ। देखो, आधे बाल तो सफेद भी हो गए!

चन्द्र : आई लव देम नेहा! और तुम्हारी आँखें? एक झील की तरह। शान्त भी और तरल भी।

नेहा : *(हँसकर)* इतना फ़्लैटर मत करो!

[टेलीफ़ोन की घंटी बजती है। नेहा फ़ोन उठाती है।]

नेहा : हलो...अच्छा। अभी आ रही हूँ। *(टेलीफ़ोन रखकर)* सॉरी चन्द्र, एक बहुत ज़रूरी मीटिंग के लिए मुझे जाना पड़ेगा।

चन्द्र : मुझे मिलने की फ़ुर्सत कब मिलेगी?

नेहा : तुम बताओ, कब फ्री हो?

चन्द्र : कल शाम को?

नेहा : नहीं चन्द्र, कल नहीं।

चन्द्र : क्यों? कहीं जा रही हो?

नेहा : हाँ। डिनर पे जाना है।

चन्द्र : किसके साथ?

नेहा : अब इतने सवाल मत पूछो।

चन्द्र : फिर भी। बताओ तो सही।

नेहा : सूर्य कुमार चेटरजी को जानते हो?

चन्द्र : हाँ, बहुत अच्छी तरह जानता हूँ। इंग्लैंड में उसकी बीवी से भी मिला था। बहुत अच्छी महिला हैं।

नेहा : उन्हीं के साथ डिनर लेना है।

चन्द्र : *(निराश होकर)* ठीक है। तो अपना नम्बर कब लगेगा? परसों?

नेहा : परसों? नहीं, नहीं, परसों एक नाटक देखने जाना है।

चन्द्र : *(नाराज़ होकर)* तुम्हारे पास हर चीज़ के लिए टाइम है, सिर्फ़ मेरे लिए दो घंटे भी नहीं निकाल सकती हो।

नेहा : ऐसी बात नहीं है चन्द्र। परसों के बाद किसी भी दिन।

[टेलीफ़ोन की घंटी]

नेहा : *(रिसीवर उठाकर)* हलो। ...हाँ, हाँ, अभी आ रही हूँ। *(फ़ोन रखकर)* सॉरी चन्द्र। अब तो जाना ही पड़ेगा। वहाँ मीटिंग में सब मेरा ही इन्तज़ार कर रहे हैं।

चन्द्र : ठीक है, तुम चलो। परसों के बाद, यानी शुक्रवार को मैं तुम्हें ऑफ़िस से ही पिक-अप कर लूँगा। लम्बी ड्राइव पर जाएँगे। साथ खाना खाएँगे। अग्रीड?

नेहा : *(हँसकर)* अग्रीड। अब चलूँ?

चन्द्र : अपनी डायरी में लिख लो—शुक्रवार की शाम, चन्द्र के नाम।

[दोनों हँसते हैं।]

दृश्य-3

[पाश्चात्य संगीत के सुर। संगीत धीमा होता है।]

वेटर : टेबल फॉर टू सर?

सूर्य : यस, प्लीज़।

वेटर : आइए। इस तरफ़ आइए।

सूर्य : आओ नेहा। कैसा लगा, यह रेस्टोरेंट?

नेहा : बहुत अच्छा है। यहाँ मैं पहली बार आ रही हूँ।

सूर्य : यह मेरा फ़ेवरिट रेस्टोरेंट है। अपने ख़ास मेहमानों को मैं यहीं ले आता हूँ।

नेहा : *(हँसकर)* यानी मैं आपकी ख़ास मेहमान हूँ।

सूर्य : वेरी-वेरी स्पेशल, नेहा।

नेहा : *(हँसकर)* थैंक्यू।

सूर्य : पहले खाने का ऑर्डर दे दें, फिर बातें करेंगे। क्या खाओगी?

नेहा : मैं वेजिटेरियन हूँ।

सूर्य : तो आज से मैं भी वेजिटेरियन।

नेहा : *(आश्चर्य से)* अरे? आप अपनी पसन्द का खाना मँगवाइए न? मुझे बिलकुल बुरा नहीं लगेगा।

सूर्य : *(हँसकर)* जी नहीं। जो नेहा की पसन्द, वही सूर्य की।

[दोनों हँसते हैं। पाश्चात्य संगीत के सुर]

सूर्य : *(प्लेट में चम्मच की आवाज़, भावुक स्वर)* नेहा, तुम अकेली हो। मैं भी अकेला हूँ। मुझे अपना साथी बना लो न?

नेहा : और हेलन? उसका क्या होगा?

सूर्य : हेलन मुझे इतना चाहती है कि वह मेरी ख़ुशी के लिए कुछ भी करने को तैयार हो जाएगी।

नेहा : तलाक़ के लिए भी?

सूर्य : हाँ, नेहा। तलाक़ के लिए भी।

नेहा : तो मुझे ज़रा सोचने दो।

सूर्य : इसमें सोचने की क्या बात है? सच बताओ नेहा, उस दिन ट्रेन की मुलाक़ात के बाद तुमने क्या मेरे बारे में सोचा ही नहीं?

नेहा : *(भावुक होकर)* हाँ, सूर्य, तुम्हारे बारे में काफ़ी सोचती रही हूँ। कुछ स्नेह भी अनुभव किया है, लेकिन...सच कहूँ? तुम्हें अपनाने का तो ख़याल तक नहीं आया।

सूर्य : *(हँसकर)* और मैंने बेंगलोर से लौटते समय ट्रेन में तुम पर दो कविताएँ लिख डालीं! हूँ न पागल?

नेहा : पागल हो, इसीलिए तो कवि हो। लेकिन मैं ऐसा कैसे सोच सकती थी? तुमने हेलन के बारे में, तुम्हारे प्रति

उसके लगाव के बारे में मुझे जो कुछ बताया, उसके बाद मैं तो यही सोचती रही कि हेलन के पास लौट जाना तुम्हारा कर्तव्य है।

सूर्य : *(चिढ़कर)* कर्तव्य! कर्तव्य! ओह! आई हेट दैट वर्ड! कर्तव्य के पंजों में फँसकर ही तो आज मेरी यह दशा हुई है! प्लीज़ नेहा! अब मुझे साँस लेने दो। जीने दो। तुम्हारे साथ मुक्त आकाश में उड़ने दो। प्लीज़!

नेहा : लेकिन सूर्य, और भी एक बात है। हेलन की गर्म आहें उस मुक्त आकाश में हमें उड़ने नहीं देगी। हो सकता है, हमारे पंख ही जल जाएँ!

सूर्य : ऐसी अशुभ बातें मत कहो नेहा! तुम्हारे साथ तो मैं सात आकाश भी पार कर जाऊँ।

नेहा : पता नहीं सूर्य, मुझे तो डर लग रहा है।

सूर्य : और जब से तुम मुझे मिली हो, मेरा डर ग़ायब हो गया है—अब मैं कुछ भी करने को तैयार हूँ।

नेहा : तो सबसे पहले तुम्हें हेलन को मेरे बारे में बताना होगा—पत्र से या वहाँ जाकर।

सूर्य : अगले महीने वो ही यहाँ आ रही है।

नेहा : मुझे तो लगता है कि उसके आने से पहले तुम उसे पत्र लिखकर थोड़ा-सा इशारा तो कर ही दो।

सूर्य : आज ही लिखता हूँ।

वेटर : प्लेट उठा लूँ सर?

सूर्य : हाँ-हाँ, उठा लो। नेहा, डिज़र्ट क्या लोगी?

नेहा : मेरी मनपसन्द चीज़ है आइसक्रीम।

सूर्य : तो ट्रिपल संडे हो जाए?

नेहा : *(हँसकर)* हो जाए।

सूर्य : एक बात कहूँ नेहा?

नेहा : बोलो।

सूर्य : *(भावुक होकर)* मैं सूर्य, तुम निशा।

नेहा : निशा क्यों?

सूर्य : मेरी कल्पना, मेरी कविता, मेरे सृजन की अधिष्ठात्री देवी रात्रि, निशा।

नेहा : *(बहुत ख़ुश होकर)* ओह, सूर्य! मन करता है, छलाँग लगाकर आकाश को छू लूँ। इतनी ज़ोर से चुमूँ कि बादलों के आरपार चला जाए। इतना ऊँचा गाऊँ कि हिमालय की गुफ़ाओं में तपस्या करते ऋषि-मुनियों के कान भी काँप उठे...ओह, सूर्य...

[पाश्चात्य संगीत क्लाइमैक्स पर]

दृश्य-4

[टेलीफ़ोन की घंटी]

नेहा : हलो!

चन्द्र : नेहा, मैं चन्द्र बोल रहा हूँ।

नेहा : हाँ, चन्द्र, बताओ। प्रोग्राम में कोई चेंज है क्या?

चन्द्र : एक तो बड़ी मुश्किल से तुमने हाँ कही, और अब पूछ रही हो, कोई चेंज है क्या? मैं तुम्हें लेने आ रहा हूँ। नीचे उतरो।

नेहा : *(हँसकर)* अरे-अरे, क्यों बिगड़ रहे हो? मैं फ़ाइलें समेटकर नीचे उतर रही हूँ। तुम क्या पाँच मिनट में पहुँचोगे?

चन्द्र : नहीं। *(हँसकर)* एक मिनट में। आकाश में उड़ता हुआ आ रहा हूँ।

नेहा : *(हँसकर)* ओ.के. ...ओ.के. ...मेन गेट पर मिलती हूँ। *(रिसीवर रखती है)*

[रास्ते पर गाड़ियों की आवाज़। एक मोटर रुकती है। हॉर्न बजता है।]

नेहा : अरे, तुम तो सचमुच उड़कर आए हो!

चन्द्र : और क्या? आओ, बैठो।

[निशा गाड़ी में बैठती है। दरवाज़ा बन्द करती है। गाड़ी स्टार्ट होकर चलती है। अभी भी रास्ते का दूसरा शोर सुनाई देता है। शोर हल्का होता है।]

चन्द्र : कहाँ चलें नेहा?

नेहा : शुक्रवार की शाम, चन्द्र के नाम।

[दोनों हँसते हैं।]

नेहा : यानी तुम जहाँ चाहो, वहाँ।

चन्द्र : ज़रा सोचकर बोलो नेहा। मुझे इतना ज़्यादा अधिकार दे दोगी तो मैं तो तुम्हें उड़नखटोले पर बिठाकर, सात समुद्र पार करके परियों के देश में ले जाऊँगा।

नेहा : *(हँसकर)* लेकिन याद रखो चन्द्र, सिर्फ़ आज की शाम चन्द्र के नाम है! वहाँ पहुँचे न पहुँचे कि लौटना पड़ेगा।

चन्द्र : ठीक है नेहा, एक ही शाम सही। यह भी मेरा सौभाग्य है।

नेहा : अरे, तुम्हारी गाड़ी में तो टेपरिकॉर्डर भी है? बजाओ न कुछ?

चन्द्र : तुम्हें कौन-सा संगीत पसन्द है?

नेहा : क्या-क्या है तुम्हारे पास? बिथोवन है?

चन्द्र : हाँ, बिथोवन का 'मूनलाइट सोनाटा' है। बजाऊँ?

नेहा : वो तो बहुत ही रोमांटिक संगीत है चन्द्र।

चन्द्र : मेरी बग़ल में नेहा और बिथोवन का मूनलाइट सोनाटा—अहा...हा...मेरे लिए इस धरती पर इससे बड़ा और कोई सुख नहीं है।

[टेपरिकॉर्डर में टेप डालता है। संगीत शुरू]

चन्द्र : नेहा, मेरे क़रीब आओ।

नेहा : क़रीब तो हूँ।

चन्द्र : और क़रीब। तुम्हारा हाथ दो मेरे हाथ में।

नेहा : देखो चन्द्र, तुम गाड़ी चला रहे हो। दोनों हाथ स्टीयरिंग पर रखो और निगाह सामने। तुम बार-बार मेरी ओर देखते रहोगे तो एक्सिडेंट हो जाएगा।

चन्द्र : *(भावुक होकर)* नेहा, लगता है, सदियों के बाद मैंने तुम्हें इतना क़रीब पाया है। तुम्हें तो फ़ुर्सत ही नहीं मिलती। और फिर तुम्हारे एडमायरर्स की लम्बी क्यू में अपना नम्बर छह महीने में भी एक बार मुश्किल से ही लगता है।

नेहा : *(हँसकर)* ऐसा नहीं है चन्द्र। बात यह है कि मैं ही तुमसे कुछ दूर रहना चाहती हूँ।

चन्द्र : लेकिन क्यों? क्या तुम नहीं जानतीं, मैं तुम्हें कितना चाहता हूँ?

नेहा : जानती हूँ, इसीलिए तो...

चन्द्र : नहीं नेहा, इतनी क्रूर न बनो। प्लीज़! मैं तुम्हारे लायक नहीं हूँ क्या?

नेहा : नहीं-नहीं, ये बात नहीं है।

चन्द्र : तुम जो कहोगी, मैं करने को तैयार हूँ। मुझे तुम्हारे लायक बनना है। मैं चाहता हूँ कि तुम भी मुझसे उतना ही प्यार करो जितना मैं तुमसे करता हूँ। सच नेहा, मैं जी नहीं पाऊँगा तुम्हारे बिना।

नेहा : देखो चन्द्र, इन्सान केवल प्यार के नाम से तो जी नहीं सकता। समाज में और भी कई चीज़ें होती हैं।

चन्द्र : मेरी ज़िन्दगी मुझे जीनी है या समाज को?

नेहा : ठीक है, समाज की बात छोड़ो। लेकिन तुम्हारी पत्नी, तुम्हारे बच्चे, और फिर तुम्हारी इतनी बड़ी नौकरी। सब पर इस प्यार की वजह से छींटे पड़ जाएँगे और वह अच्छा नहीं होगा।

चन्द्र : तुम तो जानती हो नेहा, मेरी पत्नी और मैं एक घर में रहते हैं, एक बिस्तर पर सोते हैं लेकिन...न जाने कितने साल हो गए, हमने एक-दूसरे को छुआ तक नहीं है। यह भी कोई ज़िन्दगी है?

नेहा : हाँ, चन्द्र, ऐसे रिश्ते एक फोर्मालिटी बनकर रह जाते हैं।

चन्द्र : एक आदत-सी भी पड़ जाती है। यू टेक एवरीथिंग फॉर ग्रांटेड।

नेहा : बिलकुल ठीक। जैसे शर्ट का बटन टूटा तो बीवी से कह दिया, 'इसे सी दो'। शाम को घर आए तो चाय का प्याला सामने आ गया! ऐसी छोटी-छोटी सुविधाओं को बनाए रखने के लिए हम उस ढाँचे में पड़े ही रहते हैं। उसके बाहर की ज़िन्दगी हम चाहते ज़रूर हैं लेकिन इन मजबूरियों के कारण कोल्हू के बैल की तरह वहीं के वहीं घूमते रहते हैं।

चन्द्र : ये बताओ नेहा, इस ढाँचे को तोड़ने की हिम्मत तुममें कहाँ से आ गई?

नेहा : कोल्हू के बैल की ज़िन्दगी जीना मेरे बस की बात नहीं थी चन्द्र।

चन्द्र : लेकिन इस तरह अकेले रहने में तुम्हें डर नहीं लगता?

नेहा : डर? किसका डर?

चन्द्र : पता नहीं। मेरे घर में अगर मुझे एक दिन भी अकेला रहना पड़े तो मेरा तो जी घबराने लगे।

नेहा : *(हँसकर)* ओ...ऊपर से तो शेर जैसे दिखते हो, और भीतर से भीगी बिल्ली!

चन्द्र : *(गम्भीर होकर)* नेहा, बी सीरियस। मैं आज तुमसे साफ़-साफ़ शब्दों में जानना चाहता हूँ कि तुम मुझे चाहती हो या नहीं।

नेहा : देखो चन्द्र, तुम मेरे बहुत अच्छे मित्र हो। तुम्हारी कई बातें मुझे बहुत पसन्द हैं। लेकिन जिस तरह का सम्बन्ध तुम चाहते हो, वैसा सम्भव नहीं है।

चन्द्र : लेकिन क्यों? क्या तुम सारी ज़िन्दगी ऐसे ही रहोगी? बिलकुल अकेली?

नेहा : मुझे नहीं मालूम।

चन्द्र : अगर अकेले रहने का निश्चय नहीं किया है तो मेरे बारे में भी सोचो न?

नेहा : ठीक है चन्द्र, सोचूँगी।

चन्द्र : प्रॉमिस?

नेहा : प्रॉमिस।

चन्द्र : *(बहुत ख़ुशी से)* ओह, नेहा, थैंक्यू! थैंक्यू सो मच!

नेहा : तुम तो ऐसे ख़ुश हो रहे हो, जैसे मैंने तुमसे विवाह करने के लिए हाँ कह दी हो!

चन्द्र : अरे नेहा, तुमने सोचने का प्रॉमिस दिया है, वही मेरे लिए काफ़ी है। लेट अस सेलिब्रेट। आज तो मेरे लिए बहुत ख़ुशी का दिन है। इसे बड़ी धूमधाम से मनाना होगा।

नेहा : वह कैसे?

चन्द्र : वह ऐसे कि अब हम यहाँ से अबाउट-टर्न करेंगे और किसी शानदार रेस्टोरेंट में जाकर नेहा को बढ़िया से बढ़िया खाना खिलाएँगे और आख़िर में तुम्हारा फ़ेवरिट ट्रिपल संडे भी!

नेहा : *(हँसकर)* ओह, चन्द्र, तुम्हें मालूम है कि मुझे ट्रिपल संडे बहुत अच्छा लगता है?

चन्द्र : मुझे तो और भी कई चीज़ें मालूम हैं।

नेहा : वह क्या?

चन्द्र : कि तुम्हें मोतियों का गजरा पसन्द है, सफेद रंग की साड़ी पसन्द है, बिथोवन का संगीत पसन्द है...

नेहा : अरे? वह टेप तो कब का ख़त्म हो चुका। साइड बदल दूँ?

चन्द्र : तुम टेप घुमाओ, मैं गाड़ी घुमाता हूँ।

[दोनों हँसते हैं। बिथोवन का संगीत फिर से शुरू]

दृश्य-5

[दरवाज़ा खटखटाने की आवाज़]

नेहा : कौन?

सूर्य : सूर्य हूँ निशा, दरवाज़ा खोलो।

नेहा : ओह, सूर्य? अभी खोलती हूँ।

[दरवाज़ा खोलती है।]

सूर्य : क्या बात है? घंटी ख़राब हो गई है क्या?

नेहा : घंटी तो ठीक है। बिजली चली गई है।

सूर्य : हँ...तभी। मैंने कितनी बार घंटी बजाई। पूरे दस मिनट बाहर खड़ा रहा कि दरवाज़ा अभी खुलेगा, अभी दिखेगी मेरी निशा—लेकिन बैड लक।

नेहा : ओह! आई एम सो सॉरी सूर्य!

सूर्य : बैठने को नहीं कहोगी?

नेहा : उफ़! लगता है, मेरा दिमाग़ कुछ गड़बड़ हो गया है।

सूर्य : क्यों, कोई बात हुई क्या?

नेहा : नहीं-नहीं, तुम्हें इस तरह अचानक मेरे दरवाज़े पर देखकर मैं इतनी ख़ुश हो गई कि मुझे कुछ सूझा ही नहीं।

सूर्य : *(गम्भीर होकर)* तब तो ठीक है।

नेहा : बैठो सूर्य। आज बिना फ़ोन के अचानक कैसे आना हुआ? और तुम इतने गम्भीर क्यों हो? सब ठीक तो है?

सूर्य : *(दुख से)* निशा, मैं तबाह हो गया। ख़त्म हो गया।

नेहा : क्या हुआ सूर्य? ऐसा क्यों कह रहे हो?

सूर्य : मैंने हेलन को पत्र लिखा था। उसमें तुम्हारे बारे में भी थोड़ा-सा इशारा किया था। और आख़िर की दो-चार लाइनों में कुछ इस मतलब का लिखा था कि न वह कभी भारत में आकर रहेगी और न ही मैं इंग्लैंड में रहूँगा, तो क्यों न हम अपनी अलग-अलग ज़िन्दगी बसा लें?

नेहा : आपकी बात वैसे तो ठीक है लेकिन हेलन का जो चित्र आपने खींचा था, उससे मुझे लगता है कि आपका सुझाव उसे कभी पसन्द नहीं आएगा।

सूर्य : *(दुख से)* तुम ठीक कहती हो निशा। आज सुबह छह बजे उसका फ़ोन आया।

नेहा : सुबह के छह बजे? यानी वहाँ रात के बारह-एक बजे होंगे।

सूर्य : हाँ। उसने कहा कि जब से मेरी चिट्ठी उसे मिली है, वह रोती रही है। सोने की कोशिश की, लेकिन नींद नहीं आई, इसलिए फ़ोन किया।

नेहा : तुमने क्या कहा?

सूर्य : मैं क्या कहता? मैं चुपचाप सुनता रहा। फ़ोन पर भी रो रही थी और कह रही थी कि मैं अकेला पड़ गया हूँ इसलिए मेरा मन इधर-उधर भटक रहा है। मुझे सँभालना उसंका कर्तव्य है, दायित्व है। इसलिए अगले सोमवार की सुबह की फ्लाइट से वह दिल्ली आ रही है। ओह... निशा...मैं क्या करूँ...?

नेहा : मैं क्या कहूँ सूर्य? एक बहुत बड़ा निर्णय लेने की घड़ी आ रही है। तुम मन से, तन से तैयार हो जाओ, और जो भी निर्णय लेना चाहो, ज़रूर लो।

सूर्य : *(दुख से)* लेकिन निशा, मैं...मैं...तुम्हारे साथ रहना चाहता हूँ। मैं इंग्लैंड जाना नहीं चाहता। हेलन के प्यार से मेरा दम घुट जाता है।

नेहा : तो यही बात उसे साफ़ शब्दों में कह दो।

सूर्य : मैं कैसे कहूँ? मैं मजबूर हूँ निशा, वह मुझे बेहद चाहती है। उसका चेहरा देखने के बाद उसे कुछ कहने की मेरी हिम्मत ही नहीं पड़ती। मैं उसे इतना बड़ा आघात नहीं दे सकता। मैं कमज़ोर हूँ निशा, बहुत कमज़ोर हूँ।

नेहा : तो फिर अपनी कमज़ोरी का फल भी भुगतना होगा सूर्य।

सूर्य : मुझे अपने-आपसे नफ़रत होने लगी है निशा। न हेलन के साथ रह सकता हूँ, न ही तुम्हें अपना सकता हूँ। आई हेट मायसेल्फ़!

नेहा : *(दुखी आवाज़ में)* सूर्य, यही बात थी तो पहले क्यों नहीं बताई? क्यों मुझे इतनी दूर तक घसीट लाए? क्यों देखे इतने सपने मेरे साथ?

सूर्य : मुझे माफ़ कर दो निशा। प्लीज़!

नेहा : सूर्य, यह तो मेरी ज़िन्दगी के साथ तुम्हारा क्रूर खेल हुआ। एक ताश का महल, फूँक मारी और गिरा दिया, क्यों?

सूर्य : नहीं निशा, ऐसा मत कहो। मैंने तुम्हें जी-जान से चाहा है। अब भी चाहता हूँ। अगर आज हेलन राज़ी-ख़ुशी से मुझे छोड़ दे, तो मैं आज ही तुम्हारे साथ घर बसा लूँ।

नेहा : यानी मेरी ज़िन्दगी का आधार भी हेलन की राज़ी-ख़ुशी पर है? मुझे क्यों इस त्रिकोण के फंदे में फँसा रहे हो?

सूर्य : निशा, धीरज धरो। आज नहीं तो भविष्य में कभी। हेलन ज़रूर मान जाएगी।

नेहा : नहीं सूर्य। यह स्थिति तुम्हारे लिए भी अच्छी नहीं है। तुम हम दोनों के बीच खींचते रहोगे। दोनों को सुख देने के तुम्हारे प्रयास में हम तीनों दुखी होते रहेंगे। तुम लौट जाओ। हेलन के पास लौट जाओ।

सूर्य : यह तुम क्यों कह रही हो निशा? क्या तुम्हें मुझसे प्यार नहीं?

नेहा : बहुत प्यार करती हूँ सूर्य! इस प्यार से मेरा रोम-रोम पुलकित है।

सूर्य : मैं भी तो तुम्हीं से पूर्ण हूँ निशा!

नेहा : लेकिन हेलन की हस्ती को कैसे भुलाया जा सकता है?

सूर्य : *(खीजकर)* और वह आ भी रही है। इतना ही नहीं, उसने कहा है, मुझे साथ ले जाएगी। और...और मैं साथ नहीं गया तो...तो...आत्महत्या कर लेगी!

नेहा : *(चौंककर)* नहीं...। सूर्य...अब तो हमारे सामने और कोई रास्ता भी नहीं है। हम एक-दूसरे की विदा ले लें, यही ठीक रहेगा।

सूर्य : मैं टूट जाऊँगा निशा, तुम्हारे बिना मेरी कलम नहीं चलेगी। और कलम न चली तो मैं जी नहीं पाऊँगा।

नेहा : मुझे तो आश्चर्य हो रहा है सूर्य कि इतने सालों के बाद भी तुम हेलन को समझ नहीं पाए। तुमने मुझे कैसे कह दिया कि वह तलाक़ दे देगी?

सूर्य : सच निशा, *(दीर्घ निःश्वास)* मैं उसे समझ नहीं पाया। मैं जानता था, वह मुझे बहुत चाहती है, लेकिन उसका प्यार इतना स्वार्थी हो जाएगा, यह मैं नहीं जानता था।

नेहा : स्वार्थी तो हम सब हैं सूर्य! हम भी तो अपना ही सुख देख रहे हैं। तुम हेलन के साथ रहकर कम-से-कम उसे तो ख़ुशी दे पाओगे!

सूर्य : लेकिन मेरा क्या होगा? तुम्हारा क्या होगा?

नेहा : तुम? तुम लौट जाओगे अपने घोंसले में। और मैं? मैं तो पहले भी अकेली थी। तुम अचानक न जाने कहाँ से आ गए मेरी ज़िन्दगी में। एक सुन्दर सपने की तरह। सपना तो सपना ही होता है सूर्य! जब नींद टूटी, आँख खुली तो मालूम हुआ कि सच क्या है।

सूर्य : नहीं निशा, नहीं। तुम्हारा दुख मुझसे देखा नहीं जाता।

नेहा : सच को जानना अच्छी बात है सूर्य। तुम्हारे साथ कुछ सपने देख लिये, जैसे वीरान में वसन्त आ गया! अब...अब तुम जाओ सूर्य!

सूर्य : निशा, क्या तुम मुझे निकाल दोगी अपनी ज़िन्दगी से?

नेहा : रख भी तो नहीं सकती।

सूर्य : ठीक है, जा रहा हूँ। भटकता रहूँगा एक सूखे पत्ते की तरह। निशा, जाने से पहले तुम्हें एक बात बताना चाहता हूँ।

नेहा : क्या?

सूर्य : इस बात को कभी नहीं भूलना निशा, मेरे समग्र अस्तित्व में, अस्तित्व के प्रत्येक क्षण में तुम छाई हुई हो। मेरे हृदय में तुम्हारा एक विशेष स्थान है। वह स्थान कोई नहीं ले सकता, कोई नहीं। तुम...तुम सूर्य की निशा हो।

नेहा : जब सूरज छिपता है, तब रात होती है। और जब सूरज निकलता है तब रात ख़त्म होती है। सूर्य और निशा का साथ तो प्रकृति को भी मंज़ूर नहीं है सूर्य।

सूर्य : लेकिन फिर भी दोनों एक-दूसरे से किसी सूक्ष्म बन्धन में बँधे हैं।

नेहा : हाँ, सूर्य। *(खोई हुई सी)* अजीब-सा बन्धन है यह। बन्धन ही तो है। *(अपने-आपको स्वस्थ करके)* अब तुम जाओ सूर्य। प्लीज़...

सूर्य : कैसे जाऊँ? कहाँ जाऊँ?

नेहा : उसी रास्ते से जाओ, जिस रास्ते से एक दिन आए थे। और जाते-जाते अपने पैरों के निशान भी मिटाते जाना।

सूर्य : *(दुख से)* कोशिश करूँगा।

[जाता है। नेहा दरवाज़ा बन्द करके रो पड़ती है।]

नेहा : *(रोती हुई)* यह तुमने क्या किया सूर्य?

[सूर्य की आवाज़ ECHO में]

सूर्य : मैं सूर्य, तुम निशा...सूर्य की निशा, निशा का सूर्य।

नेहा : नहीं-नहीं...और मत कहो...चुप हो जाओ।

[वही ECHO]

सूर्य : मैं सूर्य...तुम निशा...सूर्य की निशा, निशा का सूर्य।

नेहा : सूर्य...सूर्य...मत जाओ सूर्य...। लौट आओ! लौट आओ!

[दरवाज़े पर दस्तक]

नेहा : *(ख़ुशी-आश्चर्य)* कौन? सूर्य? तुम लौट आए क्या?

[दरवाज़ा खोलती है।]

नेहा : अरे? चन्द्र, तुम?

चन्द्र : हाँ, नेहा। मैं चन्द्र, तुम उषा। चन्द्र की उषा, उषा का चन्द्र।

[वही ECHO]

चन्द्र : मैं चन्द्र, तुम उषा... मैं चन्द्र, तुम उषा...

सूर्य : मैं सूर्य, तुम निशा...मैं सूर्य, तुम निशा...

नेहा : मैं कौन हूँ? मैं कौन हूँ? निशा...? उषा...? निशा...? उषा...?

चन्द्र : बोलो, नेहा! मैं चन्द्र, तुम उषा...

नेहा : *(चीख़ती हुई)* नहीं...कभी नहीं...!

एक सपना

पात्र-परिचय

मीरा	एक आदमी–50
मोहन	दूसरा आदमी–30
बच्ची–6	सोनल–21
माँ–30	सपन–32
दादा–55	
दीदी–50	

दृश्य-1

[ट्रेन की आवाज़—सीटी बजती है।]

मीरा : बहुत दिनों से स्वाति को नहीं देखा। इक्कीस साल की हो गई है।

मोहन : वक़्त को गुज़रने में देर थोड़े ही लगती है!

मीरा : इस बार कलकत्ते में मुझे कहीं नहीं घूमना। सारा समय सोनल के साथ ही बिताऊँगी।

मोहन : मैं भी यही चाहता हूँ। कॉलेज में तो वह तेजस्वी थी ही। अब तो उस पर चार चाँद लग गए हैं।

मीरा : विधवा है और फिर भी सूनापन कहीं नहीं।

मोहन : कहा नहीं उसने कि सुनील के प्यार का अहसास उसे अब भी उतना ही हो रहा है जितना उसके जीते-जी था।

मीरा : और हम दोनों को देखो—तुम छोटी-छोटी बातों में मुझे छेड़ते हो।

मोहन : प्यार करता हूँ न, इसलिए। *(दोनों हँसते हैं)*

[ट्रेन की आवाज़ के साथ एक भिखारी के भजन गाने की आवाज़—बांग्ला भजन की पंक्तियाँ]

भजन : खोलो खोलो द्वार राखियो ना आर
बाइरे आमाय दाँडाए।

[आवाज़ नज़दीक आती है, फिर दूर चली जाती है। पास में बैठी हुई बच्ची अपनी माँ से पूछती है :]

बच्ची : माँ, वह क्या गा रहा है?

माँ : भजन।

बच्ची : भजन यानी?

माँ : भजन यानी भगवान के लिए गाया जाता गीत।

बच्ची : अच्छा-अच्छा, कलवाली फ़िल्म में भगवान की मूर्ति के सामने हेमा मालिनी गा रही थी, वो?

[दो-चार लोगों की हँसी]

एक आदमी : क्या ज़माना आ गया है! आजकल के बच्चों की शिक्षा न स्कूल में होती है, न घर में। सीखने का एकमात्र माध्यम है फ़िल्म! धत्!

दूसरा आदमी : दुनिया आगे नहीं बढ़ेगी क्या? तुम क्या अब भी नौटंकी देखते रहोगे या तरक़्क़ी करोगे?

पहला आदमी : इसे तुम तरक़्क़ी कहते हो?

दूसरा आदमी : बिलकुल! नौटंकी दो हज़ार, पाँच हज़ार, दस हज़ार लोग देखते हैं और फ़िल्म?—लाखों लोग देखते हैं।

पहला आदमी : नौटंकी में कोई बुरी बात आ गई तो दो हज़ार, पाँच हज़ार, दस हज़ार लोग उसे सीखते हैं, और अगर फ़िल्म में आ गई तो लाखों सीखते हैं।

दूसरा आदमी : भाई साहब, तरक़्क़ी करनी हो तो ऐसी छोटी-मोटी चीज़ों का बलिदान तो कर देना ही पड़ेगा।

पहला आदमी : इसे तुम छोटी-मोटी चीज़ कहते हो? इस बच्ची को यह नहीं मालूम कि भजन क्या होता है पर हेमा मालिनी ने कब कौन-सा गीत गाया था, वह सब मालूम है! छी:-छी:, छी:-छी:!

बच्ची : माँ, यहाँ भगवान की मूर्ति तो नहीं है। फिर वो किसके सामने गा रहा है?

माँ : भगवान सिर्फ़ मूर्ति में थोड़े ही होते हैं? वो तो सब जगह होते हैं।

बच्ची : यहाँ भी? मेरे सामने भी?

माँ : हाँ, तुम्हारे सामने, तुम्हारे अन्दर-बाहर—चारों ओर।

बच्ची : *(खुश होकर)* तो फिर मैं भी भजन गाऊँ?

माँ : पहले कुछ खा ले, फिर गाना।

बच्ची : ठीक है।

मीरा : सुना तुमने?

मोहन : *(दीर्घ निःश्वास के साथ)* हूँ...सब सुन रहा हूँ। सब देख रहा हूँ।

मीरा : कभी-कभी मैं सोचती हूँ, हमारे कोई बच्चा नहीं है सो अच्छा ही है। हम जब छोटे थे तब हमारे माँ-बाप सोचते थे कि बच्चों को क्या-क्या दिखाएँ, क्या-क्या सिखाएँ।

मोहन : और आज सोचना पड़ता है कि उनको गंदगी से कैसे बचाएँ, कहाँ छुपाएँ।

मीरा : कितने बजे हैं मोहन?

मोहन : बस, अब हावड़ा पहुँचने में आधे घंटे की देर है।

मीरा : सोनल ने किसी को स्टेशन पर तो भेजा होगा न?

मोहन : हाँ-हाँ। उसने फ़ोन पर कहा था कि हो सका तो वह ख़ुद आएगी, नहीं तो सपन को भेजेगी। अब हमें अपना सामान समेट लेना चाहिए।

बच्ची : माँ, कलकत्ता आ गया?

माँ : बस, आया ही समझो।

बच्ची : माँ, मौसी के घर टी. वी. है?

माँ : मौसी के पास तो कलर टी. वी. है।

बच्ची : आज रात को कौन-सी फ़िल्म आएगी? हम देखेंगे न?

माँ : हाँ-हाँ, क्यों नहीं!

बच्ची : मैं पूरी फ़िल्म देखूँगी। सोऊँगी नहीं।

माँ : ठीक है। अब अपने जूते पहन ले।

पहला आदमी : कि मोशाय! नामबेन ना?

दूसरा आदमी : *(हड़बड़ाकर)* हावड़ा आ गया क्या?

पहला आदमी : वो देखिए, हावड़ा ब्रीज।

दूसरा आदमी : कि शर्बोनाश।

माँ : क्या बात है भाई? कोई नुकसान हो गया क्या?

दूसरा आदमी : नहीं तो! क्यों?

माँ : आपने 'सर्वनाश' कहा न?

[दो-चार लोग ज़ोर से हँस पड़ते हैं। मीरा-मोहन भी।]

मोहन : कोई नाश-विनाश नहीं हुआ है बहनजी। आश्चर्य की पराकाष्ठा को प्रकाश देने का यह एक तरीक़ा है।

दूसरा आदमी : *(अपनी हँसी रोकते हुए)* मैं कहना चाहता था कि कितनी जल्दी आ गया हावड़ा! पता ही नहीं चला!

मीरा : पता नहीं चला? चौबीस घंटों से तो हम इस गाड़ी में बैठे हैं। अब भी अगर हावड़ा न आता तो मैं तो रेलवालों को कहती—

मोहन : *(दाँत भींचकर)* सर्वनाश हो तेरा...

[सभी हँस पड़ते हैं।]

× × ×

सोनल : रास्ते में कोई तकलीफ़ तो नहीं हुई न?

मीरा : तकलीफ़ कैसी? बड़ा आरामदायक सफ़र था और मौसम भी अच्छा ही रहा।

सोनल : सपन को पहचान लिया था?

मोहन : हम उसे खोज निकाले, उससे पहले ही उसने हमें खोज लिया।

मीरा : इतने ख़ूबसूरत नौजवान को शायद मैं पहचान नहीं पाती लेकिन उसने जैसे ही मुझे 'मीरामाशी' कहकर पुकारा, मेरी आँखों के सामने सपन की बचपन की भोली सूरत आ गई। याद है सोनल, जब तुम सब दिल्ली आए थे तब सपन पेठा खाने के लिए मेरे पीछे-पीछे घूमता रहता था और कहता था—मीरामाशी, आर एकटा, आर एकटा।

[सब हँसते हैं।]

सपन : वो तो मैं अब भी करता हूँ। आप मेरे लिए पेठा लाई हैं न?

मोहन : बहुत सारा पेठा लाये हैं सपन।

मीरा : अरे सोनल, स्वाति कहाँ है?

सोनल : स्वाति सुमित के कुछ काम से यूनिवर्सिटी गई है। बस, आती ही होगी। तुम लोग मुँह-हाथ धो लो। मैं चाय-नाश्ते का प्रबन्ध करती हूँ।

सपन : मीरामाशी, चाय के साथ पेठा भी मिलेगा न?

मीरा : हाँ-हाँ, क्यों नहीं! मोहन, सूटकेस तो खोलो। पेठे का पैकेट जब तक सपन के हाथ में नहीं आएगा, इसे चैन नहीं आएगा।

सपन : वैसे मीरामाशी बिलकुल ठीक कह रही हैं।

[बाहर से गाड़ी का हॉर्न सुनाई देता है।]

सोनल : यह लो, स्वाति भी आई गई!

[स्वाति आती है।]

स्वाति : *(ख़ुशी से)* ओह मीरामाशी! प्रणाम करती हूँ।

मोहन : मैं भी आया हूँ। ज़रा इधर भी देखो।

स्वाति : ओह! मेशोमोशाय, आपको भी प्रणाम करती हूँ।

मोहन : जीती रहे बेटी। ख़ूब ख़ुश रहे। सोनल, तुम्हारे इस आधुनिक युग के बच्चे भी यूँ पैर छूकर प्रणाम करते हैं, यह मुझे बहुत अच्छा लगा।

मीरा : हाँ, सोनल, स्टेशन पर सपन भी पैर छूना नहीं भूला था।

स्वाति : मीरामाशी, बात यह है कि हम आजकल के बच्चे बड़ों से बातें इस तरह करते हैं जैसे कि वे हमारे दोस्त हों। बात करने के हमारे ढंग से कहीं आप यह न समझ बैठें कि हम आपका आदर नहीं करते।

सपन : इसीलिए झट से पैर छूकर हम आपको विश्वास दिलाना चाहते हैं कि हम आपकी इज़्ज़त करते हैं, चाहे कुछ मामलों में हमारे विचार आपसे अलग क्यों न हों?

स्वाति : माँ, आज मेरी दो सहेलियाँ हमारे साथ खाना खाएँगी और रात को भी रहेंगी।

सपन : कौन, ममता और मेनका?

स्वाति : *(चिढ़कर)* हाँ, तुम्हें कोई तकलीफ़ है?

सपन : हाँ, थोड़ी तकलीफ़ तो ज़रूर होती है।

मीरा : क्यों? तुम्हारे भी तो दोस्त आते होंगे।

सपन : देखो न मीरामाशी, जब स्वाति, ममता और मेनका इकट्ठी होती हैं तो उनकी चबर-चबर ऐसी चलती है कि आपको लगेगा जैसे एक दर्जन चिड़ियों के बीच वाद-विवाद चल रहा हो।

[सब हँसते हैं।]

स्वाति : *(चिढ़कर)* झूठ, बिलकुल झूठ। देखो न माँ, जब देखो, यह मुझे चिढ़ाता ही रहता है! लेकिन तुम भी देख लेना, जब मैं चली जाऊँगी तब तुम्हें पता चलेगा।

सपन : सो तो है। मुझे लगेगा कि यह अचानक क्या हो गया? मैं चिड़ियाघर से इन्सानों के बीच कैसे आ गया?

स्वाति : *(चिढ़कर)* देखो न माँ...

[सोनल, मीरा और मोहन हँसते हैं।]

सपन : *(ज़ोर से हँसकर)* क्या माँ, तुम भी इस दूध पीती बच्ची की शादी करवा रही हो?

स्वाति : और तुम क्या हो? तुम भी तो दूध पीते हो।

सपन : वो तुम नहीं समझोगी। अब छोड़ो इस बात को। कुछ काम की बात करो।

मीरा : स्वाति, अपना घर तो दिखाओ।

सोनल : उफ़-ओ! तुम लोग अभी ठीक से घर में आए भी नहीं। ये दोनों तो इस तरह लड़ते ही रहेंगे। आओ मीरा, तुम्हें मेरे जेठ-जेठानी से मिलवाऊँ। वे लोग उधर के फ़्लैट में रहते हैं। वैसे हम सब साथ ही हैं। रसोई भी एक ही है।

मीरा : सोनल, तुम्हारा घर, बच्चे, सब कुछ देखकर मुझे बहुत अच्छा लग रहा है।

सोनल : दादा और निलीमा दीदी को देखकर तो तुम और भी ख़ुश हो जाओगी। वैसे तुम उनसे मिली तो हो। याद है?

मीरा : हाँ, लेकिन ज़्यादा परिचय नहीं है।

[दादा और दीदी आते हैं।]

दादा : तुम लोगों की हँसी तो इस छत को पार करके हम तक पहुँच गई! तुम्हारा छप्पर और हमारा फर्श!

दीदी : *(हँसकर)* हमसे रहा नहीं गया। हमने सोचा—दो से भले चार!

सोनल : *(हँसकर)* और चार से भले आठ!

[सब हँसते हैं।]

सोनल : दादा, आप मिले हैं न मीरा और मोहन से? हम सब कॉलेज में साथ पढ़ते थे।

दादा : बिलकुल याद है। सबसे पहले तुम्हारी शादी में ही तो मिले थे।

सोनल : वह तो पच्चीस साल पहले की बात है दादा!

दादा : तो क्या हुआ ? कुछ चेहरे ऐसे होते हैं जो भुलाए नहीं जाते।

मोहन : *(हँसकर)* बिहावने चेहरे ?

दादा : नहीं, नहीं ! बड़े सुहावने चेहरे !

स्वाति : माँ, सुमित की चिट्ठी आई है ! वो लोग कल सुबह यहाँ पहुँच रहे हैं।

सोनल : बहुत अच्छा। उनके रहने का सारा इन्तज़ाम हो गया है। कल सुबह दस बजे हावड़ा पहुँचेंगे।

दादा : हम सब स्टेशन चलेंगे। हमारे प्रिंस चार्मिंग का स्वागत जो करना है।

[सब हँसते हैं।]

स्वाति : इस वक़्त तो वे ट्रेन में होंगे।

सपन : और प्रिंस चार्मिंग का दिल पटरी पर चलती हुई रेल की तरह धड़क रहा होगा।

स्वाति : जी हाँ, क्यों नहीं ! अपने मनपसन्द व्यक्ति से विवाह कोई छोटी बात है क्या ? अभी तो तुम्हारी घंटी नहीं बजी। जब बजेगी तब देखना।

सपन : सपन का सपना तो कुछ और ही है। मैं शादी के चक्कर में पड़ूँ इतना मूर्ख नहीं हूँ। तुम्हारी बात... तो अब रहने ही दें। स्वाति...तुमने कोल्हू का बैल देखा है ?

दादा : कम ऑन सपन, इतना मत छेड़ो। तुम अगर यह कहना चाहते हो कि जो शादी करता है, वह कोल्हू का बैल होता है तो तुम्हारे सामने खड़े हुए हम सब उसी जमात के हैं !

[सभी हँस पड़ते हैं।]

मीरा : सोनल और सुनील की शादी न होती तो तुम्हें हम इस धरती पर थोड़ा ही देखते ?

सपन : *(मज़ाक से)* मैं तो एक फ़रिश्ते के लिबास में बादलों के बीच घूम रहा था। अचानक धरती से किसी ने मुझे पुकारा, किसी ज़रूरतमन्द ने...

स्वाति : *(मज़ाक से)* इसीलिए, मैं आप सबकी सेवा करने, आपकी ख़िदमत में हाज़िर हुआ हूँ!

सभी : *(तालियाँ बजाकर)* वाह...वाह...वाह...बहुत ख़ूब...बहुत ख़ूब...!

[सब हँसते हैं।]

दादा : यदा यदा हि धर्मस्य
ग्लानिर्भवति भारत...

सपन : जी हाँ, आपने ठीक फ़रमाया—तब-तब मैं जन्म लेता हूँ।

स्वाति : *(ताली बजाकर)* ग्रेट...ब्रावो...बेचारा सुमित, उसे तो मालूम ही नहीं कि उसके साले साहब कितनी महान विभूति हैं।

सपन : धीरे-धीरे सब पता चल जाएगा।

दादा : कौन कितने पानी में है, वह भी!

[टेलीफ़ोन की घंटी बजती है।]

सोनल : स्वाति, देखो तो, किसका फ़ोन है?

सपन : ममता या मेनका का ही होगा। चबर-चबर शुरू।

स्वाति : तो क्या हुआ?

सोनल : अब फ़ोन भी उठाओ। बाद में बहस करना।

स्वाति : *(फ़ोन उठाकर)* हलो!

विनोद : *(गम्भीर आवाज़)* हलो! स्वाति? मैं विनोद बोल रहा हूँ।

स्वाति : *(ख़ुश होकर)* हाँ, विनोद, बोलो। कल सुबह हमारे साथ स्टेशन आ रहे हो न? सुमित को रिसीव करने?

विनोद : *(गम्भीर आवाज़ में)* सपन है क्या?

स्वाति : हाँ, है। लेकिन पहले मेरे सवाल का तो जवाब दो!

विनोद : जल्दी से सपन को फ़ोन दे दो। बहुत ज़रूरी काम है।

स्वाति : अच्छा, बाबा, देती हूँ। *(फ़ोन मेज़ पर रखकर)* आइए फ़रिश्ते जी, आपका फ़ोन है।

सपन : कौन है?

स्वाति : विनोद। कहता है, बहुत ज़रूरी काम है।

सपन : अच्छा? *(फ़ोन उठाकर)* हाँ, विनोद, क्या हाल है?

विनोद : सपन, बहुत बुरी ख़बर है।

सपन : क्या? जल्दी बता।

विनोद : तुमने आठ बजे की ख़बरें सुनीं?

सपन : नहीं। यहाँ तो दिल्ली से मीरामाशी और मेशोमोशाय आए हैं तब से हँसी-मज़ाक ही चल रहे हैं। हाँ, तुम क्या कह रहे थे?

विनोद : अभी-अभी मैंने ख़बर सुनी। दिल्ली से आनेवाली गाड़ी के कुछ डिब्बे पटरी से उतर गए हैं।

सपन : *(चौंककर)* क्या?

विनोद : स्वाति को बताना चाहिए?

सपन : हाँ-हाँ, बताना ही चाहिए। शी शूड नो इट। *(सोचकर)* वैसे तुम ठीक से पता कर लो कि वह वही ट्रेन है जिससे सुमित आ रहा था? मैं तुम्हारे फ़ोन का इन्तज़ार करूँगा। बाद में ही स्वाति से बात करूँगा।

विनोद : ठीक है।

[सपन फ़ोन रखकर स्वाति वगैरह के पास आता है।]

सोनल : क्या बात है सपन? सब ठीक तो है न?

सपन : हाँ, ठीक ही समझो।

दादा : तुम्हारा चेहरा कुछ उदास-सा लगता है। क्या बात है, बताओ न?

स्वाति : विनोद ने क्या कहा? इज़ एवरी थिंग ऑल राइट?

सपन : वेल—उसने कहा कि आठ बजे की न्यूज़ में उसने सुना कि...*(रुक जाता है)*

स्वाति : क्या सुना?

सपन : वैसे मैंने उसे न्यूज़ कन्फर्म करने को कहा है। वह पूरा पता लगाकर अभी फ़ोन करेगा।

सोनल : उसने न्यूज़ में क्या सुना?

सपन : उसका फ़ोन तो आ जाने दो। फिर ठीक से पता चलेगा।

दादा : बताओ सपन। लगता है, कोई ख़ास बात है। जो भी हो, घबराओ मत, बता दो।

सपन : *(झिझककर)* ऐसा है कि... विनोद ने आठ बजे की न्यूज़ में सुना कि... कि दिल्ली से हावड़ा जानेवाली किसी ट्रेन के कुछ डिब्बे पटरी से उतर गए हैं।

स्वाति : *(चिल्लाकर)* ओह, नो!

सोनल : *(घबराकर)* नहीं–नहीं, यह नहीं हो सकता! यह नहीं हो सकता!

सपन : तभी तो मैं विनोद के दूसरे फ़ोन का इन्तज़ार करना चाहता था। हो सकता है, किसी दूसरी ट्रेन की ख़बर हो!

[फ़ोन की घंटी बजती है।]

सोनल : मैं देखती हूँ।

सपन : नहीं–नहीं, मैं देखता हूँ।

स्वाति : नहीं, मैं अपने कानों से सही बात सुनना चाहती हूँ। मैं ही फ़ोन उठाऊँगी।

[फ़ोन उठाकर]

स्वाति : हलो! हलो, कौन विनोद?

विनोद : हाँ, स्वाति। सपन को देना तो?

स्वाति : नहीं, तुम मेरे से बात करो। बताओ, तुमने न्यूज़ में जो सुना, वह ठीक है क्या? यानी वह वही ट्रेन है न जिससे सुमित आ रहा है?

विनोद : *(गम्भीरता से)* हाँ, ट्रेन तो वही है, लेकिन ख़ास दुर्घटना नहीं हुई है। हो सकता है, वे लोग कल सुबह न पहुँचकर रात तक पहुँच जाएँ।

स्वाति : ठीक है।

[फ़ोन रखती है।]

दादा : *(घबराकर)* क्या हुआ स्वाति?

सोनल : विनोद ने क्या कहा?

स्वाति : *(गम्भीरता से)* आठ बजे की ख़बरों में जो कहा गया है, वह सही है।

[सभी के मुँह से 'आह' निकल जाती है।]

दृश्य-2

पात्र-परिचय

सुमित
बाबा
माँ
डॉक्टर
एक आदमी

[ख़ूब शोर-शराबा। लोगों की चीख़ें—'बचाओ बचाओ' की आवाज़ें।]

सुमित : बाबा...बाबा!

बाबा : *(कराहते हुए)* हाँ, बे...टा...सुमित, तुम ठीक हो?

सुमित : मैं बिलकुल ठीक हूँ। आप? आप ठीक हैं न?

बाबा : लगता है, पैर में थोड़ी-सी चोट आई है। वैसे ठीक हूँ। तुम्हारी माँ कहाँ है?

माँ : मैं भी ठीक ही हूँ।

बाबा : कहीं चोट तो नहीं आई?

माँ : नहीं। कहीं भी नहीं।

बाबा : अरे, यह क्या? तुम्हारे माथे पर ख़ून निकल रहा है।

माँ : नहीं, नहीं, यह ख़ून नहीं है। माथे का सिन्दूर फैल गया है।

बाबा : ईश्वर की हम पर असीम कृपा है। पता नहीं, क्या से क्या हो सकता था!

सुमित : आओ बाबा, एक तरफ़ बैठते हैं।

बाबा : हमारा सामान?

सुमित : सब सुरक्षित है।

माँ : देखो तो सुमित, दूसरे यात्रियों को ज़्यादा चोट तो नहीं आई?

सुमित : नहीं माँ। बहुत ही साधारण दुर्घटना हुई है।

बाबा : फिर इतना शोर-शराबा क्यों? लोग चिल्ला क्यों रहे हैं?

सुमित : लोग घबरा भी तो जाते हैं! ये देखिए 'फ़र्स्ट एड' का काम शुरू भी हो गया। बाबा, आपके पैर पर भी पट्टी बँधवानी है। डॉक्टर साहब, इधर आइए।

डॉक्टर : बाबा, ख़ास चोट तो नहीं लगी?

बाबा : नहीं भाई। पैर पर ज़रा-सा लग गया है।

डॉक्टर : लाइए। ड्रेसिंग करके पट्टी बाँध दूँ।

बाबा : यह तो बताओ डॉक्टर साहब, अब ये गाड़ी हावड़ा जाएगी या दिल्ली वापस लौटेगी?

डॉक्टर : ज़रूर हावड़ा जाएगी। हाँ, ज़रा लेट हो जाएगा।

बाबा : ज़रा माने? छह घंटे या बारह घंटे?

डॉक्टर : वैसा ही कुछ।

बाबा : चलो, कोई बात नहीं। हम पहुँच जाएँ, वही काफ़ी है।

डॉक्टर : यह लीजिए, पट्टी बँध गई। अब चिन्ता की कोई बात नहीं है।

बाबा : ठीक है भाई, जीते रहो।

सुमित : पानी दूँ बाबा?

बाबा : नहीं, मैं ठीक हूँ। तुम्हारी माँ को दो।

[किसी के चिल्लाने की आवाज़]

एक आदमी : हाय, मैं लुट गया, बर्बाद हो गया! हाय...अब मैं कहीं का नहीं रहा!

माँ : क्या हुआ भाई साब? बहुत नुकसान हो गया क्या?

एक आदमी : *(रोने जैसी आवाज़ में)* मेरा सब कुछ चला गया। सब कुछ...हाय...!

माँ : धीरज धरो भाई, धीरज धरो! क्या हुआ, बताओ तो सही। हम तुम्हारी मदद कर सकते हैं क्या?

एक आदमी : *(रोता हुआ)* मैं मेरी सारी पूँजी साथ लेकर सफ़र कर रहा था...हाय...मेरी भी मत मारी गई थी। एक तौलिये में लपेट कर मैंने थैला अपने सिरहाने रखा था। लेकिन इस...इस हबड़-दबड़ में सब कुछ इधर-उधर हो गया। हाय...मैं बर्बाद हो गया! मैं लुट गया!

माँ : आपका परिवार भी आपके साथ है?

एक आदमी : ना...ना...मेरे साथ कोई नहीं। वो सब तो गाँव में रहते हैं। मैं तो सालों से शहर में अकेला ही रहता हूँ।

माँ : क्या काम करते हैं?

एक आदमी : बस, ऐसा ही—कुछ अपना बिज़नेस है।

सुमित : अच्छा? किस चीज़ का बिज़नेस?

एक आदमी : *(झिझककर)* ऐसे ही कुछ, छोटी-मोटी चीज़ों का। कुछ... नशीली चीज़ों का।

बाबा : नशीली चीज़ें? जो इन्सान को बर्बाद कर देती हैं? जो उसकी इन्सानियत छीन लेती है, उसी से तुम पैसे कमाते हो? छी:-छी:-छी:!

एक आदमी : हाय...मैं लुट गया, मैं लुट गया और इधर आप मुझे उपदेश देने बैठ गए? देखता हूँ, मेरा थैला यहीं कहीं होगा! यहीं कहीं होगा! हाय...मैं क्या करूँ...?

[आवाज़ धीरे-धीरे दूर जाती है।]

बाबा : देखो तो, बेटे, इस दुनिया में कैसे-कैसे लोग हैं! दूसरों की बर्बादी इस आदमी की आबादी है!

माँ : अब आप इतना मत सोचिए। जब देखो, सारी दुनिया की फ़िकर करते रहते हो।

सुमित : बाबा, इस दुर्घटना की ख़बर हावड़ा तो पहुँच ही गई होगी। मैं उधर तार ऑफ़िस से स्वाति के घर तार भेज दूँ कि हम सब ठीक हैं?

बाबा : हाँ-हाँ, जल्दी तार कर आओ। वे लोग परेशान हो रहे होंगे। स्वाति का तो पता नहीं, क्या हाल हुआ होगा। 'एक्सप्रेस' तार करना।

सुमित : अच्छा, बाबा।

[जाता है।]

× × ×

[स्वाति का घर। फ़ोन की घंटी बजती है।]

स्वाति : हलो!

विनोद : हलो, स्वाति? मैं विनोद बोल रहा हूँ।

स्वाति : हाँ, विनोद!

विनोद : रेल-दुर्घटना में ख़ास नुकसान नहीं हुआ है। सब लोग ठीक ही हैं। थोड़े-बहुत घायल हुए हैं।

स्वाति : थैंक गॉड, थैंक गॉड! मेरी तो ऊपर की साँस ऊपर और नीचे की नीचे रह गई थी!

विनोद : मैंने गाड़ी का भी पता लगाया है। शाम के पाँच बजे तक आ जानी चाहिए। मैं तुम लोगों को स्टेशन पर ही मिलूँगा।

स्वाति : ठीक है विनोद। तुम एक नम्बर के प्लेटफ़ार्म के दरवाज़े पर मिलना।

विनोद : अच्छी बात है। सपन को सब बता देना।

स्वाति : शायद तुम्हारे घर होता हुआ ही आएगा। अच्छा विनोद, बाय!

विनोद : बाय!

[सोनल फ़ोन रखती है, तभी दरवाज़े की घंटी बजती है।]

सोनल : किसका फ़ोन था स्वाति?

स्वाति : विनोद का!

[दरवाज़े की घंटी फिर से बजती है।]

सोनल : जाओ, पहले दरवाज़ा खोल आओ।

स्वाति : *(दरवाज़ा खोलकर)* ओह, तार है?

सोनल : किसका तार है?

स्वाति : खोलूँ तो सही।

[तार खोलने की आवाज़]

स्वाति : सुमित का तार है। माँ, वो लोग ठीक हैं। शाम तक हावड़ा पहुँच रहे हैं।

सोनल : *(चैन की साँस लेकर)* ओह, शुकर है! स्वाति, तारवाले को इस ख़ुशखबरी लाने की ख़ुशी में पाँच रुपए दे आ!

स्वाति : अच्छा माँ!

सोनल : *(पुकारती हुई)* मीरा, मोहन, सुना तुम लोगों ने? सुमित का तार आया है। वो लोग बिलकुल ठीक हैं। शाम तक आ जाएँगे।

मीरा : हे ईश्वर! तुम सचमुच बहुत कृपालु हो।

मोहन : स्वाति बिटिया! अब तो स्वागत की तैयारी करनी है। सपन अभी शॉपिंग करके नहीं लौटा?

स्वाति : आता ही होगा।

मीरा : सोनल, घर में कुछ सजाना-वजाना नहीं है?

सोनल : स्वाति से पूछो। वह जो चाहे, वही करना है।

मीरा : कहो तो स्वाति, अल्पना रचा सकते हैं? दरवाज़ों पर फूल-मालाएँ लगा सकते हैं? शहनाई वाले को बुला सकते हैं?

स्वाति : *(हँसकर)* अरे मीरामाशी। अब तो जी ख़ुश कीजिए। ऐसी छोटी-मोटी चीज़ों का निर्णय तो हम बुजुर्गों पर छोड़ देते हैं। बड़े-बड़े निर्णय हम ख़ुद करते हैं।

[सब हँसते हैं, तभी दरवाज़े की घंटी बजती है।]

सोनल : मैं देखती हूँ। शायद सपन ही आया होगा।

सपन : हलो एवरी बडी।

सोनल : इतने थैलों में क्या ले आये हो?

सपन : *(नाटकी ढंग से)* सब के लिए कुछ-कुछ—मुन्नी-मुन्ना, बुड्ढे-बुढ़िया, लड़की-लड़का, बिल्ली-कुत्ता—सबके लिए कुछ-कुछ।

[सभी हँसते हैं।]

स्वाति : सबके लिए कुछ-कुछ यानी कोई खाने की चीज़ होगी जो हम सब खा सकते हैं?

सपन : आपने बिलकुल सही फ़रमाया स्वाति जी। लगता है, आप बुद्धिमान हैं। लोग आपको जितना बुद्धू समझते हैं, वास्तव में आप कुछ कम ही बुद्धू हैं।

[सब हँसते हैं।]

स्वाति : *(चिढ़कर)* देखो न माँ सपन को?

सोनल : स्वाति, तुमने सपन को सुमित की ख़बर दी या नहीं?

स्वाति : मैं नहीं बात करती उससे।

सपन : अले-अले मेरी छोटी बहना! ऐसा ग़ुस्सा नहीं करते! बता न? मैं तेरा बड़ा भाई हूँ। दादा हूँ। तेरा गार्डियन हूँ। मुझे नहीं बताएगी? *(पुचकार के)* बता दे न?

सोनल : अब नाटक छोड़ सपन। विनोद का फ़ोन आया था।

सपन : वो तो मैं जानता हूँ। मैं विनोद के घर से ही आ रहा हूँ। और कोई ख़बर?

स्वाति : हाँ। सुमित का तार आया है।

सपन : अच्छा, क्या लिखा है?

स्वाति : पहले वो बुद्धू-बुद्धू की बातें वापस खींचो, फिर बताऊँगी।

सपन : चलो, वापस खींच ली। यू आर द मोस्ट इंटेलिजेंट गर्ल ऑन दिस अर्थ। अब ठीक है?

स्वाति : अब बिलकुल ठीक है! हँ—तो सुनो। सुमित का तार आया है कि वो सब ठीक हैं और शाम तक हावड़ा पहुँच रहे हैं।

सपन : *(ख़ुश होकर ताली बजाता हुआ)* बहुत ख़ूब! यह सबसे बढ़िया ख़बर है स्वाति। ओह! हम सब क्या इस तरह बातें ही करते रहेंगे? चलो, चलो, अभी तो बहुत काम करना है।

मीरा : मैं भी यही कह रही थी सपन। अल्पना रचा दूँ?

सपन : अरे मीरामाशी, यह भी कोई पूछने की बात है! और मेशोमोशाय, आप फूलों की मालाएँ दरवाज़ों पर लगवा दीजिए। माँ, तुम खाने-पीने का सामान सँभालो। मैं शहनाई का इन्तज़ाम करके आता हूँ।

मीरा : वाह सपन, तुम और मैं बिलकुल एक ही बात सोचते हैं।

सपन : आख़िर मैं भांजा किसका हूँ?

[सब हँसते हैं।]

सोनल : अब आज की सभा यहीं पर ख़त्म करें और हम सब अपने-अपने काम में लग जाएँ। ठीक है?

सभी : ठीक है।

× × ×

[शहनाई के स्वर सुनाई देते हैं।]

सुमित : *(धीरे से)* स्वाति!

स्वाति : *(धीरे से)* हँ?

सुमित : जाग रही हो?

स्वाति : आज तो 'सो-कोल्ड' सुहागरात है न?

सुमित : हाँ, सो तो है। स्वाति, हम दोनों का सचमुच विवाह हो गया? मैं तो मान भी नहीं सकता।

स्वाति : ओह, सुमित! हम दोनों एक बिस्तर पर पास-पास लेटे हैं और फिर भी तुम्हें विश्वास नहीं हो रहा क्या?

सुमित : नहीं, नहीं, ये बात नहीं है। लेकिन स्वाति, ऐसा भी तो होता है न कि जिस चीज़ को पाने की बहुत इच्छा हो रही हो, वह अनायास मिल जाए तो विश्वास करना मुश्किल हो जाता है। मेरे साथ भी कुछ ऐसा ही हुआ है।

स्वाति : तुममें और मुझमें यही तो फ़र्क़ है सुमित। जिस चीज़ को पाने की मुझे इच्छा होती है, वह आख़िर में मिले या न मिले, लेकिन मेरा तो शुरू से ही विश्वास बना रहता है कि वह मुझे मिलकर ही रहेगी!

सुमित : तुम्हारे इस तीव्र आशावाद से ही तो मैं इतना आकर्षित हो गया था! स्वाति, यह तो बताओ, तुमने इस विवाह के बारे में क्या-क्या सपने देखे थे?

स्वाति : सपने? अं... *(सोचती है)* मैंने सोचा था कि सुमित के साथ रहूँगी तो मेरी बुद्धि और बढ़ेगी। तुम तो जीनियस हो सुमित।

सुमित : अच्छा? तुम मुझे जीनियस समझती हो? इतनी बड़ी बात तो मुझे मालूम ही नहीं थी!

स्वाति : झूठे कहीं के! सब मालूम है। यूँ ही बनते हो।

सुमित : *(हँसकर)* थोड़ा-बहुत तो मालूम ही था, लेकिन फिर भी... अं... अच्छा स्वाति, और क्या सोचा था? और भी तो कोई सपना होगा?

स्वाति : हाँ! बता दूँ?

सुमित : बताओ न।

स्वाति : अंहं—मुझे शर्म आती है।

सुमित : ओहो, स्वाति! मुझसे कैसी शर्म? बताओ न?

स्वाति : मैंने सोचा था कि हमारे ढेर सारे बच्चे होंगे। हमारे इर्द-गिर्द खेलते रहेंगे।

सुमित : क्या? ढेर सारे? यानी कितने?

स्वाति : सात-आठ तो होने ही चाहिए। देखो न, घर में मैं और सपन ही थे। अब मेरा विवाह हो गया, सपन बेचारा अकेला हो गया।

सुमित : सपन का भी तो विवाह हो जाएगा।

स्वाति : फिर माँ अकेली हो जाएँगी। हमारे और भाई-बहन होते तो माँ के पास कोई तो रहता!

सुमित : तुम सचमुच बुद्धू हो! पंछी के पर आते हैं और वे उड़ जाते हैं। यह तो सृष्टि का नियम है। तुम्हारे और भाई-बहन होते

तो वे भी पर आते ही उड़ जाते। और माँ की देखभाल तो एक बच्चा भी करता है और सात भी! यह अपनी भावना की बात होती है स्वाति!

स्वाति : हं—शायद तुम ठीक कह रहे हो सुमित! इतने सारे बच्चे अगर सचमुच हो जाएँ तो बच्चों को जनने और पालने में ही मेरी सारी उमर ख़त्म हो जाए।

सुमित : फिर स्वाति को सुमित की ओर देखने की तो फ़ुर्सत ही कहाँ मिलेगी? भगवान करे, ऐसा कभी न हो।

स्वाति : तुम ठीक कह रहे हो सुमित। देखो न, माँ के दो ही बच्चे हैं। दोनों अब बड़े हो गए हैं। माँ को तो अब फ़ुर्सत ही फ़ुर्सत है। तभी तो वो फैक्टरी के श्रमिकों के परिवारों का इतना काम करती हैं।

सुमित : तुम्हें भी तो कई काम करने हैं।

स्वाति : हाँ, सुमित। बिलकुल ठीक। लेकिन इसका मतलब यह नहीं है कि बच्चे होने ही नहीं चाहिए।

सुमित : नहीं-नहीं, ऐसा तो मैंने कभी नहीं कहा।

स्वाति : तो फिर?

सुमित : बहुत ही स्पष्ट शब्दों में कहूँ तो पहला बच्चा अभी नहीं और दूसरा तो कभी नहीं। मंज़ूर?

स्वाति : हाँ, सुमित, मुझे मंज़ूर है। लेकिन सिर्फ़ पहली बात। दूसरा बच्चा कभी नहीं क्यों?

सुमित : क्योंकि एक बच्चे को एक बढ़िया इन्सान भी तो बनाना है। उसे अच्छी-अच्छी बातें सिखानी हैं। ज़िन्दगी जीने के कुछ नियम-क़ानून भी सिखाने हैं। उसमें तुम जैसा प्यार और अनुकंपा हो। आगे बढ़ने की, नई-नई बातें जानने की तमन्ना हो।

स्वाति : ओह, सुमित! तुम कितनी अच्छी बात बता रहे हो! हाँ, यही मेरा सपना है, यही।

सुमित : तो फिर मेरी बात मंज़ूर है न?

स्वाति : कौन-सी? दूसरा कभी नहीं वाली?

सुमित : हाँ। और पहला अभी नहीं वाली भी।

स्वाति : उसमें भी देर?

सुमित : हाँ, स्वाति। हमें कुछ समय अपने लिए भी चाहिए। एक-दूसरे को समझना है। अपना मन और शरीर स्वस्थ रखना है।

स्वाति : ओह, सुमित, तुम कितने अच्छे हो!

सुमित : तुम भी तो कितनी अच्छी हो!

स्वाति : अब सो जाएँ? बहुत रात हो गई होगी।

सुमित : कल मीरामाशी और मेशोमोशाय माँ के साथ बस्ती में जानेवाले हैं।

स्वाति : हम भी उनके साथ जाएँगे। तुम चलोगे न?

सुमित : ज़रूर चलूँगा। हम भी तो इस काम में माँ का हाथ बटाएँगे।

स्वाति : मैं तो माँ के साथ कई बार गई हूँ। बस्ती में अब तो बहुत सुधार हो गया है।

सुमित : बम्बई में भी ऐसी झुग्गी-झोंपड़ियों की भरमार है। बड़ी-बड़ी आलीशान इमारतें और उसी की बग़ल में टूटी-फूटी, अधगारे कीड़ों के ढेर जैसी झुग्गियाँ। कभी-कभी सोचता हूँ कि मेरे पास जादुई शक्ति हो तो मैं उन कीड़ों में जान भर दूँ। फिर रेंगते हुए कीड़ों की फ़ौज आलीशान इमारतों पर टूट पड़ें। उनको अन्दर ही अन्दर से खा डालें। और फिर एक दिन ऐसी आँधी चले...ऐसी आँधी चले कि ताश के महल की तरह वे सारी इमारतें ज़मींदोज़ हो जाएँ!

स्वाति : यह भी तुम्हारा एक सपना है क्या?

सुमित : हाँ, स्वाति।

स्वाति : नहीं, सुमित, मैं तुमसे सहमत नहीं हूँ। समाज का एक वर्ग ऊपर नहीं उठ सकता है तो क्या ऊपर उठे हुए को तुम गिरा दोगे? नहीं सुमित। जो उठ नहीं सकता है, उसे साहस दो, सहारा दो, सहानुभूति दो और खड़ा कर दो।

सुमित : ओह, स्वाति, तुम कितनी अच्छी हो! तुम्हारी जैसी पत्नी पाकर मैं तो अब आकाश को छू लूँगा, सात समुद्र पार कर लूँगा।

स्वाति : हाँ, सुमित। हम दोनों एक दूसरे का उत्साह बढ़ाते रहेंगे और आगे ही आगे बढ़ते रहेंगे। जब धूप लगेगी तो पेड़ के नीचे आराम करेंगे। सर्दी लगी तो सूरज से गर्मी माँग लेंगे।

सुमित : *(हँसकर)* और बारिश में?

स्वाति : *(हँसकर)* बारिश में? बारिश में एक साथ नहा लेंगे।

सुमित : बत्ती बुझा दूँ?

स्वाति : हाँ।

[बत्ती बुझने की आवाज़]

दृश्य-3

पात्र-परिचय

सोनल	सुमित
मीरा	स्वाति
सपन	अब्दुल-40
सकीना-35	यादव-40
रमझान-13	
रामू-10	

सोनल : हमारी स्वाति तो सुबह की चहकती चिड़िया है। आज आठ बज चुके हैं लेकिन अब तक उसकी सुबह नहीं हुई।

मीरा : ओ-हो सोनल, आज की सुबह क्या, रोज की सुबह जैसी है?

सोनल : हाँ मानती हूँ, लेकिन कल तो सुमित और स्वाति दोनों कह रहे थे कि आज से ही वे हमारे कामों में हाथ बँटाने लगेंगे।

मीरा : सो तो है। उनके उत्साह की दाद दो और उन्हें अपने-अपने हाल पर छोड़ दो।

[दोनों हँसते हैं]

सपन : गुड मॉर्निंग एवरी बडी!

सोनल-मीरा : गुड मॉर्निंग सपन।

सपन : स्वाति और सुमित अभी तक नहीं आए?

मीरा : आज का दिन तो उन्हें चैन लेने दो।

सपन : नहीं जी नहीं। शुभस्य शीघ्रम्। अच्छा काम शुरू करने में देर नहीं करनी चाहिए।

सोनल : सो तो है, लेकिन कुछ बातों में जल्दबाज़ी भी नहीं करनी चाहिए।

सपन : देखो माँ, नदी का पानी आगे ही आगे बढ़ता रहता है। वह लौट कर नहीं आता। समय भी उसी तरह लौट कर नहीं आएगा।

मीरा : तुम्हारी बात ठीक है सपन। लेकिन उन दोनों की ओर से भी कुछ सोचो। उनके भी ये दिन दुबारा नहीं आएँगे।

सोनल : चलो, हम लोग नाश्ता कर लें। स्वाति-सुमित हमारे साथ आना चाहते होंगे तो आ जाएँगे। और न भी आएँ तो कोई बात नहीं। कल सही। सपन, जाओ तो मोहन को बुला लाओ नाश्ते के लिए।

मीरा : वो तो सुबह-सुबह कहीं टहलने चले गए हैं। हम लोग शुरू कर दें। वो आ जाएँगे।

सोनल : ठीक है।

[प्लेट-चम्मच की आवाज़। चाय के प्याले की आवाज़]

मीरा : यह तो बताओ सोनल, तुम कितने समय से झुग्गियों में काम कर रही हो?

सोनल : मुझे तो ऐसा लग रहा है, जैसे मेरी सारी उमर वहीं बीती हो!

मीरा : सुनील के जाने के बाद ही तुमने इन कामों में मन लगाया होगा?

सपन : नहीं, मीरामाशी! मुझे अच्छी तरह याद है, मैं तब शायद चार साल का था। माँ मेरी उँगली पकड़कर गन्दी नालियाँ

पार करके मुझे झुग्गियों में ले गई थीं। वहाँ मेरे ही जितनी लगभग चार साल की एक लड़की थी।

सोनल : वह लड़की दिखती थी सपन जितनी, लेकिन उसकी उम्र लगभग आठ साल की होगी। वे लोग पोषक आहार तो लेते नहीं। बच्चे का शारीरिक विकास हो नहीं पाता। मानसिक रूप से भी बच्चा पिछड़ जाता है।

सपन : और उस झुग्गी में काफ़ी बच्चे थे। सब छोटे-छोटे!

सोनल : सबसे बड़ा बच्चा शायद बारह साल का था और उससे छोटे और सात बच्चे!

मीरा : ऐसी स्थिति में बेचारे ख़ुद क्या खाएँ और बच्चों को क्या खिलाएँ?

सोनल : इसीलिए तो वे ग़रीबी और बीमारी में सड़ते रहते हैं।

सपन : माँ, चीनी देना ज़रा।

सोनल : यह लो।

[चाय की प्याली में चम्मच घुमाने की आवाज़]

मीरा : लेकिन सोनल, अब तो कुछ सुधार हुआ होगा।

सोनल : कहते हैं न कि जहाँ आसमान ही फट रहा हो तो चेपी कहाँ लगाओगे? सुधार तो क्या कर सकते हैं, बस, यूँ समझो कि कोशिश किए जा रही हूँ।

सपन : ऐसी बात नहीं है मीरामाशी। हम तो अक्सर माँ के साथ जाते रहते हैं। मैं तो कहूँगा कि पिछले पन्द्रह साल में वहाँ ज़मीन-आसमान का फ़र्क़ हो गया है। अब वहाँ गंदगी कम है। कुछ लोगों को इतना तो समझ आ गया है कि गंदगी से बीमारियाँ फैलती हैं।

सोनल : बच्चों और महिलाओं की स्थिति में भी कुछ परिवर्तन हुआ है। शुरू-शुरू में मुझे लगता था कि मैं बहुत कुछ कर पाऊँगी। सारी परिस्थिति को बहुत जल्दी बदल डालूँगी।

मीरा : ठीक ही तो है। सपन ने कहा न कि काफ़ी कुछ बदल गया है?

सोनल : *(दीर्घ निःश्वास के साथ)* नहीं मीरा, मैंने सोचा था उस तरह का परिवर्तन लेकिन शायद अगली पीढ़ी तक भी नहीं हो पाएगा।

[दरवाज़े की घंटी बजती है।]

सोनल : देखो तो सपन, कौन आया है?

मीरा : शायद स्वाति और सुमित ही होंगे।

सपन : नहीं जी, नहीं। जब हमारी रात होगी तब उनकी सुबह होगी। कम-से-कम आज के दिन तो उनका हिसाब-किताब हमसे उलटा ही होगा।

[दरवाज़े की घंटी दुबारा बजती है।]

सोनल : पहले दरवाज़ा तो खोल सपन! तेरी बातें तो चलती ही रहेंगी।

सपन : सॉरी...सॉरी, अभी खोलता हूँ।

[दरवाज़ा खोलता है।]

स्वाति-सुमित : गुड मॉर्निंग एवरी बडी।

सपन : अरे, तुग लोग सचमुच आ गए?

सुमित : क्यों, इसमें आश्चर्य होने की क्या बात है? हमें तो आना ही था।

स्वाति : और माँ के साथ आज ही से नया काम शुरू करना था।

सोनल : हाँ, बेटे, मैं तो सुबह से इन्तजार कर रही थी।

स्वाति-सुमित : नमस्ते, मीरामाशी!

मीरा : नमस्ते बच्चो! आओ, नाश्ता करो।

सुमित : नाश्ता तो हमने घर पर ही कर लिया। माँ बिना खाए आने ही नहीं दे रही थीं। *(हँसकर)* घर से खाकर चलो तो सब पूछते हैं।

स्वाति : और बाबा ने तो यह भी कहा कि आज का दिन आराम करो, कल से काम शुरू करना, लेकिन...

सुमित : लेकिन मैंने कहा, 'बाबा, आप ही ने मुझे सिखाया है कि अच्छे काम में देर नहीं करनी चाहिए।' यह सुनकर बाबा हँस पड़े और बोले—'मेरी बिल्ली, मुझको म्याऊँ?'

[सभी हँसते हैं।]

सोनल : कुछ तो लो सुमित। चलो, फल का ही एक टुकड़ा उठा लो।

स्वाति : माँ, सुमित कह रहा था कि अपने कॉलेज के बाद वह सारा समय बस्ती के काम में ही लगाएगा।

सोनल : और तुम?

स्वाति : मैं भी। सुमित के कन्धे से कन्धा मिलाकर काम करना है।

सपन : अगर सबका नाश्ता हो गया है तो अब हमें निकलना चाहिए।

मीरा : मोहन के लिए मैसेज़ छोड़ देते हैं। वह सीधे वहीं आ जाएँगे।

सोनल : ठीक है, चलो।

[सब जाते हैं।]

× × ×

[लोगों की अस्पष्ट बातचीत। बच्चे के रोने की, कुत्ते के भौंकने की, किसी के चिल्लाने की आवाज़ें]

सकीना : *(चिल्लाती है)* अरे ओ रमझान! ज़रा नल पर बाल्टी लगा आ।

रमझान : *(चिल्लाकर)* जा रहा हूँ माँ। मेरी बारी ले लूँ।

[कुछ बच्चों की खेलने की आवाज़]

रमझान : *(चिल्लाकर)* आ - उ - ट...

रामू : अबे जा—झूठ बोलता है।

रमझान : *(लड़ता हुआ)* ये देख, ये देख, इस लकीर पर लग गई है। अरे बच्चू, मैंने तो तेरा विकेट ही उड़ा दिया है।

रामू : *(रोता हुआ)* तू मेरे से थोड़ा बड़ा है तो क्या हुआ? जब देखो, दादागीरी करता है।

रमझान : *(लड़ता हुआ)* ले, आउट हो गया तो कहता है, दादागीरी करता है! खोपड़ी तोड़ डालूँगा। भाग यहाँ से!

रामू : *(रोता हुआ)* कोई मत खेलना इस बदमाश से।

अब्दुल : क्या बात है बच्चो? अरे रामू, तो रो क्यों रहा है?

रामू : देखो न अब्दुल चाचा, मैं आउट भी नहीं हुआ हूँ और रमझान मुझे ज़बरदस्ती आउट कर रहा है।

अब्दुल : *(डाँटते हुए)* क्यों रमझान? खेलना है तो ढंग से खेलो। यह क्या खेल हुआ?

रमझान : नहीं बाबा, वह सचमुच आउट हो गया था। पूछो मांटा से। किसी से भी पूछ लो। *(चारों ओर देखकर)* अरे, कहाँ गए सारे? अभी तो हमारे साथ खेल रहे थे?

रामू : अब्दुल चाचा, यह हर रोज़ ऐसा करता है। इसीलिए उसके साथ दूसरे लड़के नहीं खेलते।

सकीना : *(ग़ुस्से से)* अरे ओ रमझान, अभी तक तूने बाल्टी नहीं लगाई? फिर खाना कैसे पकेगा? घर में सबसे बड़ा पेटू तो तू ही है!

अब्दुल : चल अब छोड़ इस गुल्ली-डंडे को और माँ के लिए पानी भर आ।

रमझान : *(रोती हुई आवाज़)* जब देखो तब सब मुझे ही डाँटते रहते हैं।

सकीना : रमझा...न!

रमझान : *(ग़ुस्से से)* आ रहा हूँ।

रामू : अब्दुल चाचा, आज तो फैक्टरी बन्द है न?

अब्दुल : हाँ, बेटे। कल पिंटो का हाथ कट गया था।

रामू : उस पर तो पट्टी लग गई है! उसमें फैक्टरी बन्द करने की क्या ज़रूरत है?

अब्दुल : हमारे सुपरवाइज़र साहब को सबक सिखाने के लिए।

यादव : रामू बेटे, अब्दुल चाचा से क्या बातचीत चल रही है?

अब्दुल : *(हँसकर)* यह पूछ रहा है, आज फैक्टरी क्यों बन्द है?

यादव : अब्दुल, वैसे इस बच्चे का सवाल ठीक है। फैक्टरी बन्द करने से मालिकों का नुकसान होगा। उस सुपरवाइज़र के बच्चे पर तो कोई असर नहीं होगा। बड़ी मोटी चमड़ी का इन्सान है।

अब्दुल : इन्सान? हैवान है हैवान!

रामू : *(अचानक ख़ुशी से)* वो देखो बाबा, वो देखो, बड़ी मौसी आ रही हैं।

अब्दुल : कौन? ओह, छोटी मालकिन!

यादव : हमारी छोटी मालकिन भी देवी का अवतार हैं! कल ही बिटिया के हाथ पीले किए हैं और आज फिर हम लोगों के बीच आ गई हैं।

अब्दुल : इनके लिए तो हम जान भी दे दें यादव। लेकिन आज हम लोगों ने हड़ताल कर दी है न, इसलिए मुझे तो इनको मुँह दिखाते शर्म आ रही है। मैं चला।

यादव : क्या यार अब्दुल! अभी तक तुमने छोटी मालकिन को पहचाना नहीं। फैक्टरी चाहे उनकी हो, पर मज़दूरों के साथ अगर अन्याय हो रहा है तो वह हमारा ही साथ देंगी। मैं इस बात की गारंटी दे सकता हूँ।

अब्दुल : हाँ, यादव, तुम्हारी यह बात भी ठीक है।

सोनल : नमस्ते भाई। कैसे हैं आप लोग?

अब्दुल-यादव : नमस्ते छोटी मालकिन!

सोनल : आज तो मैं अपने साथ बड़ी फ़ौज लेकर आई हूँ। इन सबसे मिलो। ये लोग दिल्ली से आए हैं। ये हैं मेरी सहेली मीरा और ये उनके पति मोहन।

अब्दुल-यादव-रामू : नमस्ते!

मीरा-मोहन : नमस्ते!

सोनल : स्वाति और सपन तो तुम लोगों के सामने ही बड़े हुए हैं। ये हैं स्वाति के पति सुमित।

सुमित : नमस्ते!

अब्दुल-यादव-

रामू : नमस्ते!

सोनल : अब्दुल! सकीना और रमझान कहाँ हैं?

अब्दुल : शायद नल पर गए हैं। पानी का कुछ चक्कर था। ये लीजिए, आ गए।

सकीना : *(ख़ुशी से)* ओह, दीदी, आप आ गईं? नमस्ते दीदी! स्वाति जी और सपन जी भी आ गए। नमस्ते-नमस्ते!

स्वाति : कैसी हो सकीना? सुना है, आजकल बड़ी ज़ोर-शोर से पढ़ाई कर रही हो!

सकीना : *(शरमाती हुई)* हाँ, दीदी। अब अख़बार के मोटे-मोटे सारे अक्षर पढ़ लेती हूँ।

सोनल : देखना अब्दुल, कुछ ही दिनों में तुमसे आगे निकल जाएगी।

अब्दुल : मुझे तो ख़ुशी ही होगी। कल शाम को रमझान को भी थोड़ा डाँटकर पढ़ने के लिए बिठा रही थी।

सकीना : और क्या? दुनिया इत्ती आगे बढ़ रही है और इस नवाबज़ादे को तो काला अक्षर भैंस बराबर।

रमझान : नहीं अम्मा, झूठ मत बोलो। मैं पढ़ता नहीं हूँ क्या?

सकीना : गुल्ली-डंडे से फ़ुर्सत मिले तब।

सोनल : मेरे ये दोनों मित्र दिल्ली से आए हैं। उनको इस बस्ती में एक चक्कर लगवा दो। मैं तब तक अब्दुल और यादव से कुछ ज़रूरी बात कर लूँ। स्वाति, तुम लोग भी मीरामाशी के साथ चले जाओ। सुमित को भी तो यहीं काम करना है न!

स्वाति : ठीक है माँ। चलो सकीना।

[वे लोग जाते हैं।]

[एक घर से रोने की हल्की आवाज़]

मीरा : कौन रो रहा है सकीना?

सकीना : पिंटो की घरवाली रो रही है। कल फैक्टरी की मशीन में पिंटो का हाथ कट गया। अब बेचारा काम थोड़े ही कर पाएगा?

स्वाति : और पिंटो काम न करे तो दस जनों का पेट कौन पाले!

मीरा : *(चौंककर)* दस जने?

सकीना : क्या कहें आपको दीदी? पिंटो के तीन बच्चे हो गए तब से मैं उसकी घरवाली को समझा रही थी कि आप्रेसन करवा लें। तो कहती है, नहीं, नहीं। मुझे अपने पेट पर छुरी नहीं चलानी!

मीरा : इस ऑपरेशन में पेट पर छुरी थोड़े ही चलती है!

सकीना : मैंने कही, तुझे डर लग रहा है, तो अपने मर्द का आप्रेसन करवा ले। तो कहती है, उसकी मर्दानगी ख़त्म नहीं हो जाएगी?

सुमित : इसमें मर्दानगी ख़त्म होने का तो सवाल ही नहीं है।

सकीना : लेकिन वो मियाँ-बीवी समझे तब न! अब देखो, क्या बुरा हाल हो गया है!

स्वाति : आप लोग आगे चलिए। मैं ज़रा मेरी से मिलकर आ रही हूँ।

सुमित : पिंटो भी है क्या?

सकीना : ना-ना, वो तो बेचारा अस्पताल में है। उसको तो ख़ून चढ़ रहा है।

मीरा : अच्छा! वैसे उसकी हालत बहुत गम्भीर तो नहीं है?

सकीना : अब क्या कहें! हाथ तो गया। ख़ून भी इतना बह गया है कि बेचारा बहुत ही कमज़ोर हो गया है।

स्वाति : अस्पताल में मिलने का समय तो शाम का ही होता है। हम आज ही उसे मिल आएँगे। अब आप सब आगे चलिए। मैं अभी आई।

सकीना : ठीक है। जल्दी आ जाना।

[सब आपस में बात करते-करते आगे बढ़ते हैं।]

सकीना : दीदी, वह सामने जो मकान दिख रहा है न, वही है यहाँ का छोटा अस्पताल।

मीरा : अच्छा! कब बना यह अस्पताल?

सकीना : छह साल हो गए। ये सब छोटी मालकिन का यानी हमारी दीदी का कमाल है। हम तो सपने में भी सोच नहीं सकते थे कि हम कभी अस्पताल के नज़दीक भी जा सकते हैं! अब

तो हम सबके लिए बहुत बढ़िया इन्तज़ाम हो गया है। अरे, ये रामू दौड़ा-दौड़ा कहाँ जा रहा है ? कि रे रामू ! कि होलो !

रामू : मार जर होये छे। हास्पाताल जाच्छि।

सकीना : ये देखिए। कल शाम तक इसकी माँ अच्छी भली थी, अब बुखार हो गया ! अब ये अस्पताल है तो इलाज भी होता है, नहीं तो यहाँ इन्सान बुखार में जल-भुनकर ख़त्म हो जाता था और उसे समसान घाट ले जाकर पूरा ही जला डालते थे। जैसे घर से मरे हुए चूहे को बाहर फेंक डाला। ऐसी थी हमारी ज़िन्दगी।

सुमित : बम्बई में भी ऐसी बस्तियों में बहुत बुरा हाल है। म्युनिसिपालिटी का मलबा उठानेवाला ट्रक मलबे के साथ कुछ इन्सानों को भी उठाकर उन बस्तियों में फेंक आया हो, ऐसा लगता है। मैंने जब यह पहली बार देखा था, तब कई रातों तक नींद नहीं आई थी।

मीरा : हाँ, सुमित। अब यहाँ से लौटकर मुझे भी सोनल की तरह ऐसे काम शुरू करने हैं। कीड़े मकौड़ों की तरह जीते हुए लोगों को एहसास ही नहीं है कि वे इन्सान हैं। उनकी ज़िन्दगी कुछ अलग तरह की भी हो सकती है। अच्छा, सकीना, तुम तो पढ़ रही हो। यहाँ कोई क्लास लगती है क्या ?

सकीना : हाँ, दीदी, हर रोज़ दोपहर को हम औरतों की पढ़ाई की किलास चलती है। ये भी दीदी ने ही सुरू करवाई है।

मीरा : तुम सब मिल-जुलकर और भी कोई काम करते हो ?

सकीना : हाँ, दीदी। बस्ती की सफ़ाई, गंदे नालों की सफ़ाई हम ही लोग कर लेते हैं। पहले यहाँ कोई नल भी नहीं था। अब तो चार-चार नल लग गए हैं। दीदी ने हम सबको इकट्ठा करके पूरी बात समझाई थी। फिर हम बड़े दफ़्तर में जाकर बड़े साब से मिले थे। उसके बाद चारों नल लग गए !

सुमित : नल में पानी साफ़ आता था ?

सकीना : वैसा ही है। लेकिन दीदी ने कहा है कि पीने का पानी छानकर पीना चाहिए। अब बस्ती के सभी घरों में सभी लोग पानी छानकर पीने लगे हैं।

मीरा : हाँ, सकीना, ये बातें वैसे तो छोटी-छोटी हैं, पर उन पर ध्यान दें तो बड़ी-बड़ी बीमारियों से बचा जा सकता है।

सुमित : तुम लोगों को शाम को तो फ़ुर्सत मिलती होगी। तब क्या करते हो?

सकीना : *(ख़ुश होकर)* शाम को? *(ढोलक और मंजीरे की आवाज़ बहुत दूर से सुनाई देती है)* आपको ढोलक और मंजीरा सुनाई देता है?

मीरा : हाँ, हाँ।

सकीना : शाम को कभी-कभी भजन होते हैं। कभी कुछ लोग मिलकर जात्रा भी करते हैं।

मीरा : जात्रा? यानी नाटक?

सकीना : हाँ, दीदी। बड़ा मज़ा आता है। आप देखेंगी?

मीरा : ज़रूर। कब होगा?

सकीना : कल शाम को। आप ज़रूर आना।

[दूर से सोनल की पुकार]

सोनल : मी...रा, इधर आ जाओ।

मीरा : अरे, सोनल आ गई!

[नज़दीक आकर]

सोनल : मीरा, कल यहाँ जात्रा है। अब्दुल, यादव, रामू, रमझान— सब हिस्सा ले रहे हैं। देखने आओगी?

मीरा : ओह, आई वूड लव इट!

सोनल : तो चलो, तुम्हें थोड़ी रिहर्सल भी दिखा दूँ।

मीरा : ओह, सोनल! मुझे कितनी ख़ुशी हो रही है, तुम्हें कैसे समझाऊँ?

सोनल : ये सब देखकर ख़ुश तो मैं भी हूँ लेकिन कभी-कभी निराशा भी अपनी झलक दिखा जाती है। यहाँ अब्दुल, यादव और सकीना जैसे सभी थोड़े ही हैं?

मीरा : फिर भी सोनल, तुमने धरती के इस हिस्से की तो सूरत ही बदल डाली है।

सोनल : नहीं मीरा, इतने बड़े समुद्र में एक चम्मच चीनी डालने से उसका खारापन थोड़े ही चला जाएगा?

मीरा : *(हँसकर)* ये कंपेरिज़न बिलकुल ग़लत है सोनल। मैं तो कहूँगी कि बूँद-बूँद मिलाकर एक दिन समुद्र बना दोगी। कण-कण मिलाकर एक दिन पहाड़ खड़ा कर दोगी।

सोनल : *(हँसकर)* तुम्हारे मुँह में घी-शक्कर!

[सभी हँसते हैं।]

दृश्य-4

पात्र-परिचय

सोनल	मोहन
स्वाति	यादव
मीरा	अब्दुल
सुमित	रमज़ान
सकीना	रामू

[ढोलक और मंजीरे की आवाज़ पहले दूर है, फिर धीरे-धीरे पास आती है।]

सोनल : कितना अच्छा लगता है इन सबको इतना ख़ुश देखकर!

मीरा : सोनल, इन चार दिनों में मैंने तुम्हें जितना जाना उतना तो कॉलेज के चार सालों में भी नहीं जाना था। यू आर ग्रेट!

सोनल : नहीं-नहीं, मीरा, ऐसी बात नहीं है। इन लोगों के बीच काम करके मुझे भी तो ख़ुशी मिल रही है। मैं ख़ुद महसूस कर रही हूँ कि मैं मानो गमले में लगा हुआ एक छोटा-सा पौधा थी। लेकिन अब इस उपजाऊ ज़मीन में मेरी जड़ें

दूर-दूर तक फैल गई हैं। इसी से मुझे अपना पोषण मिल रहा है। मैं पेड़ की तरह बढ़ रही हूँ।

मीरा : और पेड़ की लहलहाती डालियों और पत्तों को तो मैं देख ही रही हूँ।

[दोनों हँसते हैं।]

सोनल : *(पुकारती हुई)* सकीना...

सकीना : *(दूर से)* जी, दीदी?

सोनल : सारी तैयारियाँ हो गईं?

सकीना : बस, शुरू ही कर रहे हैं।

सोनल : स्वाति, सुमित, मोहन, चलो, उस दरी पर बैठ जाते हैं। वैसे यह पारम्परिक जात्रा नहीं है। ये लोग किसी भी नाटक को जात्रा कहते हैं। आओ, बैठें।

मोहन : चलो।

[आसपास लोगों का शोर सुनाई देता है। ढोलक और मंजीरे की आवाज़। ढोलक ज़ोर से बजकर बन्द हो जाती है।]

अब्दुल : *(चिल्लाकर)* सलामालेकुम! राम-राम! सत्-सिरी-अकाल और गुड इवनिंग सब बहन-भाइयों को।

[श्रोतागण से आलेकुम सलाम, राम-राम, सत-सिरी-अकाल व गुड इवनिंग की तरह-तरह की आवाज़ें]

यादव : *(चिल्लाकर)* भाइयो और बहनो, आज तो अब्दुल भैया का खेल देखना है। रमझान और रामू भी आपके सामने पेस होंगे।

[ढोलक की आवाज़। तालियाँ]

सकीना : *(चिल्लाकर)* और मैं भी।

यादव : ओ-हो—माफ़ करना। सकीना भाभी को भला कैसे भूल सकते हैं!

सकीना : जी हाँ, बिस्मिल्ला तो मैं ही करूँगी। तो बजाओ ढोलक।

[ढोलक बजती है—फिर से तालियाँ, ख़ुशी की आवाज़ें—कोई सीटी भी बजाता है।]

सकीना : *(ढोलक के साथ)* मैं जब दुल्हन बनकर आई और अब्दुल्ला को भायी तो वो बोला :

अब्दुल : अरी ओ मेरी सकीना—
तू हूर है या हसीना?
तो फिर वो क्या बोली :

सकीना : तेरी नज़र में ख़ुदा तो मैं हूर
और हैवान बसा तो मैं दूर
ठीक कहा न?

अब्दुल-यादव : ठीक ठीक ठीक
बिलकुल ठीक कहा

भीड़ : पर ये तो बता कि
आगे क्या हुआ?

सकीना : आगे की भी सुन लो यार
शुरू-शुरू में तो प्यार ही प्यार
फिर धीरे-धीरे जब हुए बेकार
भूख और ग़रीबी ने मारी मार
बच्चा हुआ, मैं पड़ी बीमार
न दवाई, न डाक्टर, कौन कसूरवार?

अब्दुल : *(ढोलक ज़ोर से बजाकर)*
कसूर है मेरा पकड़ता हूँ मैं कान
जेब ख़ाली, कैसे करता इलाज?
सकीना बीमार, बच्चा भी बीमार
चूला ठंडा, और ठंडी थी साँस
गली गली भटका, कहीं नहीं था काम

ख़ुदकुशी कर लूँ? और नहीं जवाब।

सकीना : ऐसे मौके पर मिले अपने यादव भैया
और उन्होंने पार लगा दी नैया
क्या कहने भैया।

यादव : नौकरी मिली, ख़ुशियाँ मिलीं,
भगवान की भेजी छोटी मालकिन मिली।

अब्दुल : *(ढोलक बजाकर आगे बोलता है)*
फिर तो चमत्कार ही चमत्कार
ख़ुशियों की चारों ओर बौछार।

रमझान-रामू : *(ज़ोर से ढोलक और मंजीरा)*
हम तो नाचेंगे और खेलेंगे।
ख़ूब ख़ूब पढ़ेंगे
हाँ जी, ख़ूब ख़ूब पढ़ेंगे

सकीना : पढ़ोगे-लिखोगे बनोगे नवाब
बिना पढ़ाई के होंगे ख़राब।

रमझान : बाबा...

रामू : बापू...

रमझान : अम्मा...

रामू : माँ...

रमझान-रामू : हम खेलें भी और पढ़ें भी
प्यार से आगे बढ़ें भी।
न झूठ बोलें, न आपस में लड़ें
प्यार ही प्यार से हो जाएँ बड़े।

[तालियाँ]

सभी साथ : *(ढोलक के साथ)*
न झूठ बोलें, न आपस में लड़ें
प्यार ही प्यार से हो जाएँ बड़े।
हाँ जी
प्यार ही प्यार से हो जाएँ बड़े।

यादव : अब बताओ अब्दुल्ला जी, ख़ुश हो न?
अरे है कोई कमी?

अब्दुल : क्या बताऊँ तुम्हें यादव भाई
ऐसी ख़ुशी सपने में भी न पाई।

सकीना : खुलकर बता दो इसका राज़
सभी की ख़ुशी का यही जवाब।

रमझान : नहीं-नहीं, बापू, सबको न बताओ
ये तो जादू है, अच्छे से छुपाओ।

रामू : मुझे भी नहीं बताओगे तुम?
बड़े प्यार से साथ पलें हम।

सकीना : दुख को बाँटो, घटता जावे
सुख को बाँटो बढ़ता जावे।

अब्दुल : राज़ छुपाना बुरा ही होवे
सबको बताकर भला ही होवे।
तुम चुप क्यों रमझान के बाबा?
कहो ना कैसे दुख को भगाया?

अब्दुल : तो भाइयो और बहनो—
खोल दूँ राज़?
बता दूँ क्या आपको दिल की बात?

[श्रोतागण की तालियाँ और आवाज़ें]

श्रोतागण : बता दो...बता दो...।

अब्दुल : तो सुन लो देकर ध्यान सभी
फिर न कहना बताया नहीं।

[ढोलक ज़ोर से बजाकर]

अब्दुल : जब खोया मैंने अपने पर विश्वास
हाल हुआ बुरा और हो गया निराश
तब एक दोस्त ने थामी मेरी बाँह
मैं साथ चल पड़ा उसी की राह

प्यार-भरोसा ही दोस्ती की जान है
दूर तक साथ दे, यही उसकी शान है।
और जिसके ऊपर हो ख़ुदा का हाथ
भला कौन बिगाड़ेगा उसका भाग?

यादव : ख़ूब कही इस अब्दुल्ला ने।

भीड़ : यह भी बता दो ख़ुदा कौन है?

अब्दुला : फरिश्तों के लिबास में आते हैं ख़ुदा
हमारे बीच रह सबका करते हैं भला।

सकीना : यह भी बता दो रमझान के बाबा
मिल गया तुम्हें कौन सा फ़रिश्ता?

यादव : यह तो मैं ही बताऊँगा सबको

सकीना : हम सब जानते हैं उस अपने को।

रमझान : अम्मा, तुम भी पहेली बुझाती हो?

रामू : मैं बता दूँ? तुम हाँ कह दो तो।

अब्दुल : *(ढोलक बजाकर)*
बताओ जी, और कौन-कौन जानता है?

श्रोतागण : हम जानते हैं! बताएँ क्या?
यह राज़ तो नहीं, सुनाएँ क्या?

अब्दुला : तब बोलो सब लोग एक साथ
बताता हूँ उस फ़रिश्ते का नाम।
बुलंद हो आवाज़
गूँज उठे आकास
हम सब बोलेंगे
एक ही साथ...

सब एक साथ : छोटी मालकिन...

[ज़ोर से ढोलक, तालियाँ, सीटियाँ। शोर थोड़ा-सा कम होता है।]

मीरा : ओह, सोनल...देखो तो, तुम सचमुच इन लोगों के लिए फ़रिश्ते के समान हो।

सोनल : *(झेंपकर)* नहीं, नहीं, ऐसी कोई बात नहीं है।

मोहन : ये लोग अपना प्यार दिखा रहे हैं सोनल। चलो, हम इन्हें मुबारक़बाद दे आएँ।

मीरा : हाँ, सोनल, चलो।

सोनल : नहीं, नहीं, तुम लोग हो आओ। मैं यहीं बैठती हूँ।

मीरा : ऐसी भी क्या बात है सोनल? चलो न?

सोनल : अँ...अच्छा, चलो।

[लोगों के हल्के शोर के बीच से वे नज़दीक पहुँचते हैं।]

मीरा : ओह, सकीना, बढ़िया हो गया।

सकीना : अरे दीदी, मैं तो सोनल दीदी के बारे में और भी कई बातें कहना चाहती थी लेकिन रमझान और रामू बीच में टपक पड़े।

सोनल : *(ग़ुस्से से)* अब बस भी करो सकीना। तुम लोग इस तरह, इतने लोगों के बीच, मेरे बारे में ऐसी बातें करोगे तो मैं तुम्हारी बस्ती में पैर भी नहीं रखूँगी। तुम लोगों ने तो मुझे मुँह दिखाने के क़ाबिल भी नहीं रखा।

सकीना : *(घबराकर, हाथ जोड़कर)* ऐसा मत कहो दीदी। मैं आपके पैर पकड़ती हूँ। हम तो...हम तो...हमारे लिए तो आप सचमुच ख़ुदा हैं। क़सम से दीदी।

सोनल : *(चिढ़कर)* फिर वही बात? तुम लोग ख़ुदा और इन्सान का अंतर समझते हो या नहीं?

सकीना : *(विनती के स्वर में)* हम तो छोटे लोग हैं दीदी। हम तो इतना ही जानते हैं कि ख़ुदा हमेशा इन्सान का भला सोचता है, भला करता है। आप भी हमारा भला सोचती हैं, भला करती हैं। बस, और कुछ नहीं मालूम।

मीरा : सोनल, तुम इन लोगों की फिलिंग्स समझने की कोशिश करो। ये लोग तुम्हारी पूजा करते हैं। इनके लिए तो तुम ही भगवान हो।

सोनल : *(चिढ़कर)* ओह, मीरा! तुम भी! चलो, घर चलें। मुझे अब यहाँ एक पल भी नहीं रुकना है।

सकीना : *(दर्दभरी आवाज़ में)* हमें माफ़ कर दो दीदी, माफ़ कर दो! हमें क्या मालूम था कि हमारी बातों का आप इतना बुरा मानेंगी? नाराज़ मत हो दीदी! हम सब आपको बहुत प्यार करते हैं।

[अब्दुल-यादव आते हैं।]

मीरा : यह लो, अब्दुल और यादव भी आ गए।

अब्दुल : *(ख़ुशी से)* आज का खेल कैसा रहा छोटी मालकिन? आपको पसन्द आया न?

सोनल : *(ग़ुस्से से)* बिलकुल नहीं। मैं चाहती थी कि मैं तुम लोगों के बीच तुम्हारे ही लिबास में, तुम्हारी ही ज़बान में जीऊँ। हम सब कंधे से कंधा मिलाकर, क़दम से क़दम मिलाकर एक साथ काम करें।

यादव : हम यही तो कर रहे हैं छोटी मालकिन।

सोनल : *(ग़ुस्से से)* खाक कर रहे हो। आज तुम लोगों ने मुझे अपने से अलग कर दिया। एक जीते-जागते इन्सान को मानो पत्थर की बेजान मूर्ति बना दिया।

यादव : नहीं-नहीं, छोटी मालकिन, ऐसा मत कहिए! हम आपके साथ ही हैं। आपके दिखाए रास्ते पर चलकर ही तो आज हम इतनी दूर तक आ गए हैं। नहीं तो हममें से किसी की भी क्या हैसियत थी?

अब्दुल : आप हमें सँभाल न लेतीं तो हम आज भी इस कीचड़ में सड़ रहे होते।

मोहन : सोनल, ये लोग ठीक कह रहे हैं। इस बस्ती को छोड़कर दूसरी बस्तियों पर एक नज़र डालो। क्या दिखता है? गन्दगी, बीमारी, ग़रीबी, रोना-धोना। बिना मतलब की कई ज़िन्दगियाँ—न जाने क्यों ढेर सारे इन्सान पैदा होते

हैं? और क्यों जीते हैं? क्यों मरते हैं? तुमने तो इनको जीना सिखाया, हँसना सिखाया।

मीरा : सोनल, तुम इस तरह नाराज़ होकर इनसे अन्याय कर रही हो।

सोनल : *(थककर)* उफ़! अब इस बहस को ख़त्म करो।

अब्दुल : छोटी मालकिन, हमारी किसी हरकत से आपको बुरा लगा है तो हम सब आपसे माफ़ी चाहते हैं।

यादव : आप कहें तो मैं सारी बस्ती के लोगों को अभी जमा कर देता हूँ। सब–के–सब आपके पैर छूकर माफ़ी माँग लेंगे।

सोनल : *(चिढ़कर)* फिर वही बात? मुझे भगवान नहीं बनना है। पूजा नहीं करवानी है। अब...अब मुझे जाने दो। इस वक़्त मुझे ऐसा लग रहा है, जैसे मेरे सिर पर मधुमक्खियाँ भिनभिना रही हों!

मीरा : शान्त हो जाओ सोनल! ऐसी बात है तो चलो, घर चलते हैं।

सकीना : *(रोती हुई)* दीदी, आप इस तरह बुरा मानेंगी तो हम कहीं के नहीं रहेंगे। आगे से कभी भी, हम ऐसा कुछ भी नहीं कहेंगे जिससे आपको तकलीफ़ हो।

अब्दुल-यादव : हाँ, छोटी मालकिन, हम वायदा करते हैं। क़सम खाते हैं।

सोनल : *(स्वस्थ होकर)* अच्छी बात है। लेकिन अब आज के दिन तो मुझे जाने ही दो। कल तक मैं इसके बारे में सोचूँगी...

सकीना : नहीं दीदी, आप और कुछ नहीं सोचेंगी। हम आपके बिना नहीं रह सकते। आपको कल आना ही होगा। बस, हम और कुछ नहीं सुनेंगे।

[अचानक दूर से लोगों का शोर—'आग...आग... बचाओ...']

सोनल : अरे, क्या हुआ? चलो चलो।
अरे मोहन, देखो, वहाँ, उस रास्ते के मोड़ पर जो दुकान है, वहाँ टेलीफ़ोन है। तुम जल्दी से फ़ोन करके फायर ब्रिगेड बुला लो।

सकीना : *(घबराकर)* हाय अल्ला, यह क्या हुआ ?

अब्दुल : *(जल्दी से चलता हुआ—तेज़ी से बोलता है)* इस आग को फ़ौरन बुझाना होगा। बाल्टियाँ लाओ! दौड़ो!

यादव : हाँ, नहीं तो सारी बस्ती जल जाएगी। दौड़ो-दौड़ो!

सोनल : उधर किसका घर है अब्दुला ?

यादव : वहाँ तो पिंटो का घर है छोटी मालकिन।

सोनल : कहीं मेरी ने जान-बूझकर तो... ?

['बचाओ...बचाओ' का शोर]

दृश्य-5

पात्र-परिचय

मीरा	एक औरत
मोहन	दूसरी औरत
गुलाबो	लड़की
मेरी	औरत

[ट्रेन की आवाज़—सीटी]

मीरा : मोहन, चुप क्यों हो ?

मोहन : हँ? हाँ, सोच रहा था उस मेरी के बारे में। उसने ऐसा क्यों किया ?

मीरा : जो इन्सान ज़िन्दगी से पूरी तरह हताश-निराश हो जाए, वह और कर भी क्या सकता है ?

मोहन : पिंटो तो बेचारा अस्पताल में था। और इधर उसका पूरा परिवार जल-भुन कर ख़तम! *(दीर्घ निःश्वास)* उफ़! क्या कर डाला मेरी ने ?

मीरा : तभी तो सोनल कहती थी कि इतने सालों से इतना कुछ करने के बाद भी वह कई बार हिम्मत हार बैठती है।

मोहन : हाँ, उसने कहा था न कि जहाँ आकाश ही फट रहा हो, वहाँ चेपी कहाँ लगाओगे ?

मीरा : फिर भी मोहन, हमें कोशिश करते रहना चाहिए। सोनल को देखो। उसकी मेहनत और लगन का फल तो हम देख ही आए हैं।

मोहन : उस खेल के दिन तो लोगों ने उसे ख़ुदा बना दिया!

मीरा : मैं सोचती हूँ, दिल्ली पहुँचकर मैं भी ऐसा काम शुरू करूँ।

मोहन : तुम ? *(हँसकर)* तुम तो रहने ही दो। यह तुम्हारे बस की बात नहीं है।

मीरा : *(ग़ुस्सा दिखाकर)* वाह! सोनल कर सकती है तो मैं क्यों नहीं कर सकती ?

मोहन : सोनल जैसा साहस चाहिए। सोच चाहिए। वैसी लगन भी चाहिए।

मीरा : मोहन, तुम मेरे पति हो। अच्छे काम के लिए मुझे सपोर्ट करने के बजाय तुम मेरी कमियाँ दिखाने लगे ? यह ठीक नहीं है।

मोहन : देखो मीरा, नाराज़ मत हो। सभी लोग सभी तरह का काम नहीं कर सकते। इसीलिए संसार में कुछ वैज्ञानिक हैं, कुछ कलाकार, तो कुछ व्यापारी। तुम अपनी चाल चलो, मीरा। कौआ हंस की चाल चले तो कैसा दिखेगा ?

मीरा : *(ग़ुस्से से)* हाउ डेर यू कौल मी कौआ ?

मोहन : मैंने तुम्हें कौआ कब कहा ? मैं तो सिर्फ़ मुहावरा सुना रहा था। मुहावरे को इस तरह थोड़े ही लेते हैं ?

मीरा : ठीक है, ठीक है। मेरे से तुम बात ही मत करो।

मोहन : कम ऑन मीरा। डोंट बी सिली। तुम्हारे हर काम में मैंने हमेशा तुम्हारा साथ दिया है।

मीरा : मैंने ऐसा कोई काम ही नहीं किया कि तुम्हारे साथ की ज़रूरत पड़े।

मोहन : क्यों ? गुलाबो और उसके बच्चे चिंटू के लिए तुम जो कुछ करती हो, उसमें मेरा साथ नहीं होता क्या ?

मीरा : हाँ, मोहन, वैसे तुम्हारी बात कुछ हद तक ठीक ही है।

मोहन : कौन-सी बात?

मीरा : वही, कौए और हंसवाली।

मोहन : क्यों?

मीरा : देखो न, मेरी दौड़ तो बस गुलाबो तक। पता नहीं क्यों, उससे आगे मैंने कभी सोचा ही नहीं।

मोहन : सोचोगी तो तब, जब कुछ सूझे भी। और यह सूझ अपने भीतर होती है। उसका अपने संस्कार से सम्बन्ध होता है मीरा।

मीरा : लेकिन अब सोनल का काम देखकर मेरे सामने मानो नया दरवाज़ा खुल गया है। उस दरवाज़े के बाहर वैसी ही दुनिया है जो हम कलकत्ता की उस बस्ती में देखकर आए हैं।

मोहन : तुम कौन-सी बस्ती में काम करोगी?

मीरा : मैं गुलाबो की बस्ती में काम करूँगी। गुलाबो का मैं ख़याल करती हूँ इसलिए उसकी हालत तो काफ़ी अच्छी है लेकिन वह जिस बस्ती में रहती है, वहाँ कोई पशु भी मुश्किल से ही रह पाएगा।

[ट्रेन की आवाज़]

मोहन : *(सोचता हुआ)* हूँ... ठीक है मीरा। अगर तुम गुलाबो की बस्ती में काम करोगी तो मैं भी तुम्हारा हाथ बँटाऊँगा।

मीरा : *(ख़ुश होकर)* सच? ओह, मोहन! तुम मेरा साथ दोगे तब तो हम दोनों बहुत कुछ कर पाएँगे।

मोहन : अब बहुत रात हो गई है। सो जाओ।

मीरा : कितने बजे?

मोहन : ग्यारह।

मीरा : आज तो मुझे गुलाबो की बस्ती के ही सपने आएँगे।

मोहन : *(हँसकर)* और मुझे मीरा के साथ गंदी नालियाँ पार करके झुग्गी-झोंपड़ियों में जाने के।

[दोनों हलका-सा हँसते हैं। ट्रेन की आवाज़]

× × ×

मीरा : गुलाबो...अरी ओ गुलाबो!

मोहन : सुबह को मुर्गा पहले बोलता है या मीरा?

मीरा : *(ग़ुस्से से)* सुबह हुई नहीं कि तुम्हारी तानेबाज़ी शुरू!

मोहन : ओहो मीरा, मज़ाक को समझने की भी कभी कोशिश किया करो।

मीरा : तुम्हें तो हर वक़्त मज़ाक ही सूझता है।

मोहन : और तुम इतने सालों के बाद भी मज़ाक को समझ नहीं पाईं। मेरा भी क्या दुर्भाग्य है!

मीरा : अब सुबह-सुबह अपने भाग्य पर क्यों रो रहे हो? मैं जो हूँ सो हूँ और तुम भी तो जो हो सो हो।

मोहन : जब तुमने इतना समझ ही लिया है तो बहस क्यों करती हो?

मीरा : *(हँसकर)* लो, नहीं करती। बस? अरी ओ गुलाबो...

गुलाबो : जी, आई बीबीजी!

मीरा : उस टीके के बाद चिंटू को बुखार तो नहीं आया?

गुलाबो : बस, एक दिन हलका-सा बुखार था। अब तो बिलकुल ठीक है।

मीरा : अच्छा, सुन गुलाबो, आज हम लोग तुम्हारी बस्ती देखने जाएँगे।

गुलाबो : *(आश्चर्य से)* हमारी बस्ती? नहीं-नहीं, बीबीजी, आप तो उधर एक मिनट भी खड़ी नहीं रह पावेगी।

मीरा : ऐसी क्या बात है?

गुलाबो : बात ये है बीबीजी कि उधर बड़ी बदबू है। बाबुजी तो एक मील दूर ही रह जावेंगे।

मीरा : नहीं-नहीं, गुलाबो, हम दोनों तुम्हारे साथ जाएँगे। आख़िर तुम भी तो वहीं रहती हो। और भी कितने लोग उसी गंदगी के बीच रहते हैं।

मोहन : कितने लोग होंगे गुलाबो?

गुलाबो : जूं समज लीजिए कि क़रीब तीस-चालीस जुग्गी है होर हरेक जुग्गी में क़रीब दस-बारह लोग तो होंगे ही।

मोहन : *(आश्चर्य से)* एक एक झुग्गी में दस-बारह लोग! यानी तीन सौ-चार सौ लोग उतनी सी जगह में?

मीरा : इतना ही नहीं मोहन, उनका उठना-बैठना, नहाना-धोना सब कुछ वहीं।

गुलाबो : हाँ, बीबीजी! न हमारे उधर टट्टी है न नलका। तभी तो जिसको देखो, बीमार है, अपाहिज है।

मीरा : प्यारे-प्यारे बच्चे, भूखे, नंगे, उसी कूड़े-करकट के बीच खेलते रहते हैं।

मोहन : उसे तुम खेलना कहती हो? यूँ कहो कि किसी न किसी तरह जी लेते हैं।

मीरा : ठीक है गुलाबो, तुम आज तेज़ी से हाथ चलाना। सारा काम दो घंटों में निपटाकर तुम्हारी बस्ती देखने चलेंगे।

गुलाबो : ठीक है बीबीजी। *(जाती है)*

मोहन : कहते हैं न कि लोहा गरम हो, उसी समय हथौड़ा मारना चाहिए। तुमने भी मीरा, सोनल का असर ठंडा हो जाए, उससे पहले ही गुलाबो की बस्ती में जाने का निर्णय कर लिया। बहुत अच्छा किया।

मीरा : और तुम भी साथ चल रहे हो, यह तो बहुत ही ख़ुशी की बात है। अब बिस्तर छोड़ो और निकलने की तैयारी करो।

मोहन : आपका हुकुम सिर आँखों पर।

[दोनों हँसते हैं।]

× × ×

[बच्चों के रोने की आवाज़। दो औरतें लड़ रही हैं।]

एक औरत : ख़बरदार मेरी बालटी को हाथ लगाया तो!

दूसरी औरत : बड़ी आई ख़बरदार वाली! देखती नहीं, मेरा लौंडा लेन में खड़ा है?

एक औरत : अबे जा, झूठी कहीं की! तेरा लौंडा तो तेरे पीछे आया है।

दूसरी औरत : हटा अपनी बालटी। देखती हूँ कैसे नहीं उठाती!

[बाल्टी छीनती है]

एक औरत : छोड़, छोड़ कमीनी कहीं की... छोड़! *(मारती है)*

दूसरी औरत : हाथ उठाती है मेरे पर ? अबे खाट खड़ी कर दूँगी, समझी ? *(वह भी मारती है)*

[शोर बढ़ता है]

मीरा : अरे, अरे, देखो तो, वो दो औरतें कैसे नोच रही हैं एक दूसरे को!

गुलाबो : यह तो आम होता है, बीबी जी। ये तो कुछ नहीं। छुरी-चाकू भी चल जावे छोटी-छोटी बातों में।

मीरा : बाप रे बाप...!

मोहन : डर गईं क्या मीरा ? इन लोगों के बीच काम करना हो तो तुम्हें महीनों तक इनके साथ उठना-बैठना होगा। तब जाकर शायद कोई तुम्हारी बात सुने।

मीरा : हाँ, मोहन, डर तो लगता है। लेकिन इस समय मुझ पर सोनल हावी हो गई है। मुझे उसी की तरह काम करना है। इन बच्चों पर अपना प्यार बरसाना है।

[एक लड़की की चीख़ सुनाई देती है। वह चिल्लाती है :]

लड़की : *(रोती हुई)* मैंने कुछ नहीं किया, मैंने कुछ नहीं किया!

तीसरी औरत : छिनाल-बदज़ात *(मारती हुई)* बोल, जाएगी उसके साथ ? बोल! बोल!

[लड़की चीख़ती हुई रोती है।]

गुलाबो : इस औरत के ढेर सारे लड़के हैं होर एक ही लड़की है। लड़के दिन भर आवारागर्दी करते हैं, लड़की कोठियों में बर्तन माँजती है।

मीरा : और उसकी माँ उसी की पिटाई कर रही है! वो माँ है या डायन?

गुलाबो : उस बेचारी से किसी ने छेड़छाड़ की होगी होर किसी ने आके उसकी माँ को बताया होगा।

मोहन : और वह कच्चे कान की औरत उस पर टूट पड़ी! छीः! अपने लफंगे लड़कों को कुछ नहीं कहती होगी?

गुलाबो : वो लड़के जो ठहरे!

मीरा : ओह गुलाबो, मेरा तो ख़ून खौल रहा है। मेरा बस चले तो क्या से क्या कर डालूँ!

मोहन : चलो मीरा। अब तुम्हें आइडिया तो आ गया है। अब घर चलते हैं। थोड़ी प्लानिंग करनी होगी। हमारी तरह सोचने वाले और दो-चार लोगों को इकट्ठा करना होगा। तब कुछ बात बनेगी।

मीरा : ठीक है मोहन। तुम विजय और मंजु से बात करो। मैं अमित और आशा से बात करती हूँ। चल गुलाबो, घर चलें।

गुलाबो : बीबी जी, मैं चिंटू को खाना खिलाके आ रही हूँ। दस मिलट में आ जावाँगी।

मीरा : ठीक है गुलाबो। जल्दी आ जाना।

× × ×

[मीरा सपना देख रही है।]

मीरा : सुनो मेरी, हिम्मत से काम लो। इस तरह दिल छोटा न करो।

मेरी : *(रोती हुई)* मैं क्या करूँ? ये गॉड भी एक़दम पत्थर का है। उसकु दिल नहीं है। उसकु हमारा तकलीफ़ समजता नहीं है।

मीरा : जो होना था सो हो गया। उस पर रोने से वह ठीक थोड़े ही हो जाएगा?

मेरी : पिंटो अबी कबी बी काम नहीं कर सकेगा। हम सबको भूखा मरना पड़ेगा। हमारा इतना सारा छोटा-छोटा बच्चा रात-दिन रोता रहेगा। मैं क्या करूँ? मैं क्या करूँ?

मीरा : तुम भी तो काम कर सकती हो, पैसे कमा सकती हो। सभी के पेट भर सकती हो!

मेरी : *(ज़ोर से हँसकर)* मैं...मैं...काम कर सकती हूँ? पैसे कमा सकती हूँ? मैं अनपढ़...हा...हा...हा... मैं गँवार...मूरख...पैसे कमा सकती हूँ? *(ख़ूब हँसती है। फिर मुश्किल से हँसना रोककर बोलती है)* हाँ-हाँ, मैं भी पैसा कमा सकती हूँ। *(आवाज़ को गंभीर करके)* हाँ, मैं ज़रूर पैसे कमा सकती हूँ। मैं अपना बच्चा बेच सकती हूँ। है न? इतने सारे पिल्लों को क्या करना है? *(हँसती है)* बेच डालूँगी। एक-एक करके सबको बेच डालूँगी। *(ख़ूब हँसती है)*

मीरा : *(चीख़कर)* चुप हो जाओ मेरी! क्या बकती हो? पागल तो नहीं हो गई?

मेरी : पागल? *(हँसती है)* कौन? मैं या तुम या दुनिया? *(रोती हुई)* नहीं, नहीं, मेरा बच्चा मैं नहीं बेचूँगी। कसाई उसके टुकड़े-टुकड़े कर डालेगा। नहीं...

मीरा : क्या बक रही हो मेरी? ऐसा मत बोलो। भगवान के लिए ऐसा मत बोलो।

मेरी : भगवान? *(ख़ूब ज़ोर से हँसकर)* भगवान किदर है? उदर? ऊपर? आसमान में? उसकु मत बुलाओ। वो तो पहले ही बोत घोटाला किया है। बेचारा...भगवान! *(हँसती है)।*

मीरा : मेरी बात सुनो मेरी। हँसो मत। बात सुनो। हम ज़रूर कोई रास्ता निकालेंगे।

मेरी : रास्ता तो मैंने बहुत पहले से निकाला है। बहुत अच्छा रास्ता है। तुम सुनेगा तो ख़ुश हो जाएगा।

मीरा : *(ख़ुश होकर)* अच्छा, बताओ तो क्या रास्ता सोचा है तुमने?

मेरी : *(कोई रहस्य बता रही हो, उस तरह धीमी आवाज़ से)* मैंने सोचा है कि मैं आज रात को खाना बनाने का बहाना करूँगी। एक माचिस लाकर, पिंटो का फैक्टरी का पतलून किरासीन में डालकर उसे जलाऊँगी। फिर... फिर उस

जलती हुई पतलून को जुग्गी में जहाँ कपड़े पड़े रहते हैं, उस पर फेंकुँगी। और फिर... सारी जुग्गी जलने लगी। फिर आग फैलेगी। और उसमें मैं मेरे बच्चों के साथ आराम से सो जाऊँगी। किसी को पता भी नहीं चलेगा। तुम कुछ समझी?

मीरा : नहीं, मेरी, नहीं। तुम ऐसा नहीं कर सकती हो।

मेरी : क्यों नहीं? मेरे बच्चे हैं, मेरी जुग्गी है, मेरे पिंटो की पतलून है। क्यों नहीं कर सकती? बताओ? इसमें से कुछ भी तुम्हारे बाप का है क्या? और एक बात सुनो। ज़रा नज़दीक आओ। *(फुसफुसाकर)* फिर मेरी जुग्गी की आग आसपास की जुग्गियों में लग जाएगी। फिर सब कुछ जलने लगेगा। *(हँसती है)* लोग सोचेंगे, होली आ गई। हा...हा...हा...!

मीरा : *(चिल्लाती हुई)* नहीं, नहीं, तुम ऐसा कभी नहीं करोगी! *(हाँफती हुई)* कभी नहीं करोगी!

मोहन : *(घबराया हुआ)* मीरा, एई मीरा! मीरा!

मीरा : *(नींदभरी आवाज़)* हँ? क्या?

मोहन : मीरा! क्या हो गया है तुम्हें?

मीरा : हँ? वह मेरी—वह पिंटो की घरवाली—उसको बचाओ जल्दी से।

मोहन : वो यहाँ थोड़े ही हैं? वो तो कलकत्ते में हैं। अरे, कलकत्ते में भी कहाँ हैं? वो तो उस दिन आग में जलकर मर गई।

मीरा : ओह! यह क्या हो गया?

मोहन : तुम शायद सपना देख रही थीं मीरा।

मीरा : हाँ, एक बहुत ही भयानक सपना। ओह, मेरा तो सिर चकरा रहा है!

मोहन : *(गिलास में पानी डालकर)* लो, थोड़ा-सा पानी पी लो। ज़रा स्वस्थ हो जाओ।

मीरा : थैंक्यू मोहन! *(दीर्घ निःश्वास)* बड़ा ही डरावना सपना था मोहन।

मोहन : अब तो हम दोनों एक साथ कुछ सपने देखेंगे—गुलाबो की बस्ती को बदलने के सपने।

मीरा : चिंटू को बढ़िया इन्सान बनाने के सपने।

मोहन : सिर्फ़ चिंटू नहीं, उस बस्ती के सारे चिंटुओं को प्यारे इन्सान बनाने के सपने।

मीरा : हाँ, मोहन, एक नहीं, अनेक सपने—सपनों का महल, और उस महल में तुम और मैं और गुलाबो की सारी बस्ती। मंज़ूर ?

मोहन : *(हँसकर)* मंजूर-मंज़ूर-मंज़ूर।

मैं कौन हूँ

पात्र-परिचय

रामू–30	महिला	आदमी–1	मियाँ
पिंटो–30	पुरुष	आदमी–2	बीवी
	युवक		पुलिस

[अँधेरी रात है। कुत्तों के भौंकने की आवाज़। तेज़ गति से ट्रेन चलने की आवाज़। घोड़ों की टप-टप, कुछ-कुछ गाड़ियों की आवाज़। चौकीदार की सीटी।]

रामू : *(धीरे से)* ऐ...सुन रहा है?

पिंटो : क्या?

रामू : इस मोहल्ले में रात भर चौकीदार घूमते रहते हैं। यहाँ दाल नहीं गलेगी।

पिंटो : तो आज क्या ख़ाली हाथ ही रहेंगे?

रामू : चल, ट्रेन की पटरी पार करके उस तरफ़ चले जाते हैं।

पिंटो : उस तरफ़ क्या है?

रामू : उस तरफ़ भी एक मोहल्ला है। वहाँ इतने अमीर लोग नहीं हैं।

पिंटो : तो फिर वहाँ जाकर क्या करना है? यहीं हाथ आज़माते हैं।

रामू : वहाँ चौकीदार नहीं होंगे इसलिए हम भी आराम से किसी के घर में घुसकर अपना काम कर पाएँगे।

पिंटो : ठीक है, चलो।

[फिर से चौकीदार की सीटी। ट्रेन की आवाज़]

पिंटो : शु...बचकर चलो।

रामू : क्यों, क्या हुआ?

पिंटो : वो देखो, चौकीदार इसी तरफ़ आ रहा है।

रामू : इस गाड़ी के पीछे छुप जाओ।

[चौकीदार की सीटी। पैरों की आवाज़। सीटी की आवाज़ दूर जाती है। रामू और पिंटो भागते हैं। फिर से ट्रेन की आवाज़ और उसके बाद लोगों का शोर। एक महिला ज़ोर-ज़ोर से रो रही है।]

महिला : ओ...मेरी बच्ची...यह क्या हो गया...*(रो रही है)*

पुरुष : हाय अल्ला... मेरी सलमा... *(रोता है)*

युवक : सलमा आपा...कुछ तो बोलो आपा... *(रोता है)*

[लोगों की आपस में बातचीत]

1 : लेकिन सलमा को अचानक हो क्या गया? कल तक तो अच्छी भली थी!

2 : सुना है, उसका मियाँ उसे कल किसी बड़े होटल में खाना खिलाने ले गया था। घर पहुँचते ही बेचारी को दस्त और उल्टियाँ शुरू हो गए।

1 : क्या ज़माना है! बड़े होटलों में भी बेईमानी?

2 : सभी को पैसा चाहिए। छोटों को कम और बड़ों को ज़्यादा।

1 : ये भी कोई तरीक़ा है पैसे कमाने का? किसी की जान जाए और किसी की जेब भरे!

रामू : पिंटो, यहाँ तो मातम छाया है। बेचारे वैसे ही दुखी हैं। उनको और क्यों दुखी करना है?

पिंटो : ठीक कह रहे हो यार! मौत भी कमबख्त बड़ी बेईमान चीज़ है।

रामू : बेईमान क्यों?

पिंटो : उसका कोई भरोसा है क्या? जिसको मरना चाहिए, वह सालों ज़िन्दा रहता है और जिसको जीना चाहिए, वह फट से मर जाता है।

रामू : हाँ, यार, देख न अपनी हालत!

पिंटो : अपन के माँ-बाप ज़िन्दा होते तो क्या अपन ऐसा चोरी का धन्धा करते?

रामू : छी:-छी:-छी:, कभी नहीं, कभी नहीं!

पिंटो : चार पेट कु पालना पड़ता है। नौकरी मिलता नहीं है। चोरी नहीं करेगा तो क्या करेगा?

रामू : लेकिन पिंटो, मुझे लगता है, अब हमें कुछ और सोचना चाहिए।

पिंटो : सोचे तो वो जिसका दिमाग़ हो। अपन को तो गॉड ने दिमाग़ ज नहीं दिया!

रामू : क्या बकवास करता है पिंटो! दिमाग़ नहीं था तो कल उस कोयलेवाले सेठ को बुद्धू कैसे बनाया? उधर तो तुम्हारे दिमाग़ ने बहुत बढ़िया तरकीब की!

पिंटो : हाँ, यार, अपन का दिमाग़ चलता है फ़कत चोरी के मामले में। लेकिन कल ख़ास कुछ मिला नहीं।

[बारात के बैंड बाजे की आवाज़]

रामू : देख पिंटो, माल ही माल है।

पिंटो : लगता है, ज़ोरदार पालटी है।

रामू : यार, कुछ भी कहो, सोने की जगमगाहट का जवाब नहीं।

पिंटो : लेकिन भीड़ बहुत ज़्यादा है। इसमें पकड़े गए तो बस, कम-से-कम एक साल की छुट्टी हो जाएगी।

रामू : अरे दिमाग़ चला न! थोड़े से ही काम चला लेंगे। बहुत दिन हो गए, अच्छे से खाना नहीं खाया।

पिंटो : अरे छोड़ न अच्छा खाना कु। देखा नहीं वो सलमा कु? अच्छे से खाना खाया और मर गई। बेचारी कु हज़म ज नहीं हुआ।

रामू : और हम तो पत्थर भी हज़म कर जाते हैं। लक्कड़-हज़म, पत्थर हज़म!

[दोनों धीरे से हँसते हैं।]

पिंटो : *(सोचकर)* रामू, सोना चुराना तो थोड़ा मुश्किल लगता है। जेब ही काटते हैं। शादी का मामला है। जेब काफ़ी भारी होगी।

रामू : मैं उधर पान की दुकान के पास खड़ा हूँ। तुम काम निपटा के वहीं आ जाना।

पिंटो : क्यों? अपन एक को हलका करता है। तुम दूसरे को हलका करो।

रामू : नहीं यार, आज मेरा मन ठीक नहीं है।

पिंटो : क्या हो गया तुम्हारे मन को?

रामू : बाद में बताऊँगा। पहले तुम काम कर आओ।

पिंटो : ठीक है, तुम जाओ।

[रामू जाता है। बैंडबाजों की आवाज़ ज़ोर से सुनाई देती है। कुछ क्षणों के बाद]

पिंटो : चलो, रामू, हो गया। सबसे पहले खाना खा लेते हैं।

रामू : कहाँ? ढाबे में या बड़े होटल में?

पिंटो : पाकिट तो भारी लगता है। पहले आगे निकल चल, फिर देखेंगे।

[दोनों की साँस फूल रही है, तेज़ चलने की वजह से।]

रामू : मुझे तो ढाबा ही ठीक लगता है। सलमा को याद करो और ढाबे की दाल-रोटी खा लो।

पिंटो : हाँ, यार, चलो जल्दी।

[पीछे से चोर-चोर की आवाज़ें। ये दोनों फिर से तेज़ चलने लगते हैं। आवाज़ें हल्की हो जाती हैं।]

रामू : इतनी जल्दी कैसे पता चल गया कि जेब कट गई?

पिंटो : देखा नहीं, वो लोग कैसे नाचते थे? नाचनेवाले पर पैसा घुमाकर बैंडवाले को देते थे। जिसका पाकिट गया, उसने जेब में हाथ डाला होगा।

रामू : तब तो आज अच्छा माल मिला होगा। बारातवाले की जेब थी। ज़रा देख तो सही।

पिंटो : बाद में। पहले दाल और रोटी।

रामू : साथ में मुर्ग़ी या बोटी?

पिंटो : *(हँसकर)* यार, जो मर्ज़ी खा ले। पाकिट इतना तगड़ा है कि लगता है, अपन को पूरा महीना आराम मिलेगा।

[दोनों हँसते हैं। कुत्ते भौंकते हैं। ढाबे में बर्तन की आवाज़। बाहर ट्रेन की आवाज़]

पिंटो : कितना पैसा हुआ?

छोकरा : साब, पन्द्रह रुपया।

पिंटो : ये तो... *(चौंककर)* अरे!

रामू : क्या हुआ?

पिंटो : ये लो बिलकुल कड़का निकला। इसमें तो सिरफ़ एक बीस का नोट है!

रामू : वो नोट इस लड़के को दे दे!

पिंटो : हाँ-हाँ... ये लो भाई। छुट्टा वापस लाओ।

रामू : इस पाकिट में तो कागज ही कागज भरे हैं।

पिंटो : ये मोटावाला कागज देखा?

[कागज़ निकालकर खोलने की आवाज़]

पिंटो : हिन्दी में चिट्ठी है। रामू, तू ज़रा पढ़ना इसकु। अपन कु जास्ती पढ़ना नहीं आता।

रामू : ला, मैं पढ़ता हूँ। *(पढ़ता है)* मेरे अच्छे बापू...

[पूरी चिट्ठी महिला की आवाज़ में, 'एको' के साथ।]

'मेरे अच्छे बापू, तुम मुनिया की शादी कर रहे हो और मैं आ भी नहीं सकती। कितनी दूर भेज दिया तुमने मुझको। और वह भी ऐसे माहौल में जहाँ औरत को इन्सान नहीं माना जाता। मैं...*(सिसकी)* मैं...ठीक ही हूँ। *(सँभलकर)* हाँ, तुम मेरी फिकर मत करना। मुझे दो वक़्त का खाना तो मिल ही जाता है। पहनने को तो तुमने ही कितने सारे कपड़े दिये थे। सच बापू, तुमने हम दोनों बहनों को माँ की कमी महसूस नहीं होने दी। तुमने तो अपनी तरफ़ से बहुत छान-बीन करके मेरे लिए यह घर ढूँढ़ा था। लेकिन अमीरी ही तो सबकुछ नहीं होती! इन्सान के भीतर शैतान है या भगवान, यह कैसे पता चले? बाहर की रोशनी की चकाचौंध में तुम इनके भीतर की कालिख देख नहीं पाए। इसमें तुम्हारा दोष नहीं है बापू। आँखोंवाले भी अंधे हो जाए, ऐसी चकाचौंध है इस घर में। *(सिसकी)* नहीं-नहीं, बापू, आज मैं कुछ नहीं कहूँगी। आज मुनिया भी चली जाएगी। तुम्हारा दिल टूट रहा होगा। काश, मैं आज तुम्हारे पास आ सकती! आज मुनिया के हाथ पीले हो रहे हैं। माँ की आत्मा को बहुत शांति मिलेगी। मेरी ओर से मुनिया को बहुत-बहुत प्यार देना। और तुम को भी बापू। तुम्हारी बेटी सविता।'

पिंटो : *(आह के साथ)* यार, लगता है सारी दुनिया दुखी है।

रामू : *(दीर्घ निःश्वास)* हँ... *(चिट्ठी मोड़कर पिंटो को लौटाते हुए)* यह ले। बेचारा बाप, पहले ही इतना दुखी है और तुमने उसकी जेब काट ली।

पिंटो : अपन कु क्या मालूम? आज न जाने किसका मुँह देखा था! अपन का धन्धा ज नहीं चल रहा।

रामू : हाँ, यार, कुछ जम नहीं रहा। *(दीर्घ निःश्वास)* चल, अब उठ यहाँ से।

पिंटो : कहाँ चलेंगे?

रामू : यह सड़क जहाँ ले जाएगी, वहाँ। पहले बाहर तो निकल।

पिंटो : चल।

[दोनों बाहर आते हैं। पुलिस की गाड़ी का सायरन सुनाई देता है। फिर कुत्ते की आवाज़। फिर फ़ायर ब्रिगेड की टन-टन-टन कुछ क्षण बजकर रुक जाती है।]

पिंटो : *(घबराई आवाज़ से)* अरे, उधर आग लगी है।

रामू : कहाँ? ओह! आओ, देखते हैं।

[लोगों का शोर! औरतों और बच्चों की चीख़ें—'अरे कोई बचाओ मेरे बच्चे को...हाय राम...सब कुछ जल गया!' औरत का ज़ोर-ज़ोर से रोना। एक आदमी लोगों को हटाता है—'पीछे हो जाओ, पीछे हो जाओ, यहाँ भीड़ मत करो—इनको काम करने दो।']

पिंटो : यहाँ तो जुग्गियाँ हैं! आग के शोले तो देख! लगता है, आसमान को भी निगल जाएँगी।

रामू : सुनो भाई, यह आग कैसे लगी?

एक आदमी : कोई कह रहा था कि यहाँ से एक बारात निकली थी उसमें पटाखे चला रहे थे। एक राकेट तिरछा निकलकर सी...धा जुग्गी में घुस गया।

पिंटो : रामू, अपन कु तो लगता है, यह वही बारात थी, जिसमें वह दुखी बाप था।

[लोगों का शोर]

औरत : *(रोती हुई)* हाय रे...मेरा सब कुछ लुट गया।

आदमी : अब चुप भी हो। झुग्गी ही तो थी। कोई महल थोड़े ही था।

औरत : *(रोती हुई)* सिर पर छप्पर तो था। अब मैं कहाँ जाऊँगी?

आदमी : *(हँसकर)* चल मेरे साथ!

औरत : *(गुस्से से)* बेसरम कहीं का! इधर मेरा सबकुछ खाक हो गया और तुझे मसकरी सूझ रही है। कमीने, भाग यहाँ से!

[और एक फायर ब्रिगेड की टन-टन, पुलिस की गाड़ी का सायरन। लोगों का शोर]

रामू : पिंटो, टाइम क्या हुआ होगा?

पिंटो : अपन धन्धे के टाइम में घड़ी नहीं पहनता।

रामू : *(एक आदमी से)* भाई साब, आपकी घड़ी में क्या टाइम हुआ होगा?

आदमी : रात के डेढ़ बज रहे हैं।

रामू : चल पिंटो। अभी तो बहुत रात बाक़ी है।

पिंटो : हाँ, यार, अब तो धन्धा चालू ज नहीं हुआ। ओ चिट्ठी ने सारा मूड ख़राब कर डाला।

रामू : *(कुछ परेशानी से)* पहले सलमा की मौत, फिर ये चिट्ठी, फिर आग, फिर उस आदमी का घिनौना मज़ाक...

पिंटो : ये गॉड को हो क्या गया है? जिधर देखो, लोग ख़ाली रोता है।

[दोनों आगे चलते हैं। शोर कम हो जाता है।]

रामू : पिंटो, तेरी बीवी आनेवाली थी न, क्या हुआ?

पिंटो : देखो रामू, धन्धे का टाइम में बीवी-बच्चे का बात मत करो। सब गड़बड़ हो जाता है।

रामू : लेकिन पिंटो, मुझे अब ये धन्धा अच्छा नहीं लगता।

पिंटो : क्या मतलब?

रामू : यार, दुनिया में इतना कुछ हो रहा है और हम क्या ये चोरी-चपाटी ही करते रहेंगे? मुझे तो धन्धा बदलना है।

[एक घर से मियाँ-बीवी की लड़ाई सुनाई देती है।]

बीवी : *(चिल्लाकर)* आज भी लाला पैसे माँगने आया था। मैं कब तक झूठ बोलती रहूँ?

मियाँ : *(चिढ़कर)* पैसे क्या पेड़ पर उगते हैं? सुबह से रात तक मज़दूरी करता हूँ।

बीवी : तो क्यों पैसे उधार लिये थे उस चंडाल से?

मियाँ : बाप का श्राद्ध भी न करूँ क्या? तुझे तो यही चाहिए कि मेरा बाप नर्क में जाए।

बीवी : और हम जो जीते-जी नर्क भुगत रहे हैं, उसका क्या?

मियाँ : *(उसे थप्पड़ मारता है। बीवी चीख़कर रोती है)* बस कर! न दिन को चैन, न रात को। जब देखो तब पैसा-पैसा-पैसा! कहाँ से लाऊँ? मुझे चोर-लुटेरा समझ रखा है क्या? हम...हम...ग़रीब हैं तो क्या हुआ? हमारा खानदान कितना ऊँचा है?

बीवी : *(रोती हुई)* उस लाले को तुम्हारे खानदान से क्या मतलब? उसे तो पैसे चाहिए। आज...आज...धमकी दे रहा था कि...पैसे नहीं दिये तो...तो...मुझे कुछ कर डालेगा।

मियाँ : *(ग़ुस्से से)* उस लाले के बच्चे की ये मज़ाल? कहाँ गया मेरा डंडा? अभी उसकी खोपड़ी न तोड़ डालूँ तो मेरा नाम...मेरा नाम...

बीवी : *(डरकर)* नहीं, नहीं, तुम ऐसा काम नहीं करोगे। कभी नहीं करोगे।

मियाँ : *(ग़ुस्से से)* छोड़ो। छोड़ो मेरा हाथ। धमकी दे रहा है...कह रहा है मेरी बीवी की...मेरी बीवी की...

(धड़ाम से दरवाज़ा खोलकर रास्ते पर आता है। रामू और पिंटो को देखकर) कौन हो तुम लोग? उस...उस लाले के बच्चे के चमचे? उसके पालतू कुत्ते? पैसे चाहिए? मेरी बीवी चाहिए?

[पुलिस की गाड़ी का सायरन दूर से सुनाई देता है।]

रामू : नहीं-नहीं, हमें कुछ नहीं चाहिए। हम तो...हम तो यूँ ही यहाँ से गुज़र रहे थे।

पिंटो : ऐ—पुलिस की गाड़ी इस तरफ़ आ रही है। जल्दी से छुप जाओ, नहीं तो ख़ाली-पीली जेल में डाल देगा।

[तीनों दौड़कर मियाँ के घर में घुस जाते हैं।]

बीवी : *(घबराकर)* क्या हुआ? ये सब कौन हैं?

मियाँ : शु...बाद में बताता हूँ। अभी चुप रहो। *(सायरन बजाती हुई गाड़ी वहीं रुकती है। एक पुलिसवाला घर का दरवाज़ा खटखटाता है।)*

पुलिस : दरवाज़ा खोलो।

मियाँ : कौन है? इतनी रात को कौन परेशान कर रहा है?

पुलिस : खोलता है दरवाज़ा या तोड़ डालूँ?

मियाँ : *(दरवाज़ा खोलकर)* अब बताओ, क्या बात है?

पुलिस : यहाँ लड़ाई-झगड़े हो रहे थे क्या? कौन लड़ रहा था?

मियाँ : नहीं तो! यहाँ तो कोई नहीं लड़ रहा था।

पुलिस : ये सब कौन हैं?

मियाँ : ये...ये तो मेरी बीवी है और ये...ये...

रामू : ये हमारी बहन है। हम आज ही गाँव से आए इसलिए इतनी रात तक बैठकर दुख-सुख की बातें कर रहे थे। लड़ाई तो किसी की हुई ही नहीं है।

पुलिस : अच्छा? अजीब है! अभी-अभी किसी ने फ़ोन करके हमें बताया कि यहाँ ज़बरदस्त मारपीट हो रही है।

मियाँ : नहीं, नहीं, मारपीट का सवाल ही नहीं है। शायद कुछ ग़लतफ़हमी हुई है।

पुलिस : ठीक है। दरवाज़ा बन्द करो।

[बाहर गाड़ी स्टार्ट होती है और सायरन बजाती हुई चली जाती है।]

मियाँ : लगता है, अब रास्ता साफ़ है।

पिंटो : कायकु बेकार में बाहर जाना है? बैठ न घर में चुपचाप। अपनी बीवी को सँभाल।

मियाँ : मैं उस लाले का सिर फोड़कर ही रहूँगा।

रामू : कौन लाला? क्या किया उसने?

मियाँ : उसने क्या नहीं किया?

पिंटो : देखो यार, पहले एक गिलास पानी पीकर अपना दिमाग़ ठंडा करो। फिर सोचो कि तुम लाले का सिर तोड़ेगा तो वो मर जाएगा। वो मर जाएगा तो तुम जेल जाएगा। और तुम जेल में बैठा रहेगा तो तुम्हारी बीवी को कौन सँभालेगा?

रामू : और फिर उसके पीछे ऐसे दस लाले पड़ जाएँगे तो तुम क्या करोगे? फेंको डंडा और चुपचाप सो जाओ।

पिंटो : चलो रामू, अब अपन कु फूटना चाहिए।

रामू : चलो यार।

[दोनों दरवाज़ा खोलकर बाहर आते हैं।]

पिंटो : क्या ज़िन्दगी है यार! अपन का बीवी भी तो इस गाँव में अकेला है!

रामू : हाँ, यार, मेरी बीवी के पीछे भी कोई लाला तो नहीं पड़ा होगा?

पिंटो : *(सोचता हुआ)* क्या मालूम! *(फिर डाँटता हुआ)* मैंने बोला न तेरे कु, धन्धे के टाइम में बीवी का बात मत करो।

रामू : मुँह से नहीं बोलेगा तो क्या भूल जाएगा? दिमाग़ से—दिल से निकल जाएगा?

पिंटो : धन्धा का टाइम में ऐसा रोने कु बैठेगा तो धन्धा कैसे होगा?

रामू : ठीक है, नहीं बोलता। अब बता, कहाँ जाना है?

पिंटो : यार, उस पेड़ के नीचे बैठकर एक सिगरेट पीना है। अपन का दिमाग़ सारा उलटा हो गया है, उसकु सीधा करना पड़ेगा। *(बैठते हैं)*

[माचिस पर दियासलाई की आवाज़। ज़ोर से सिगरेट का कश लेने की आवाज़। आकाश से हवाई जहाज़ गुज़रता है।]

रामू : पिंटो; हम भी ऐसे हवाईजहाज़ की तरह उड़ सकते तो?

पिंटो : तो तू सारा धन्धा चौपट करके तेरी बीवी के पास ही भागता रहता।

रामू : *(झेंपकर)* नहीं, नहीं, ये बात नहीं है। लेकिन ये बता कि अगर तू उड़ सकता तो क्या करता?

पिंटो : अपन? यार, अपन तो बड़े-बड़े मकानों की छत पर उतर कर उधर का सारा माल लूट लाता।

[रास्ते पर कीर्तन की आवाज़]

रामू : देखो तो, इतना रोना-धोना, इतने जुल्म, इतने दुख, बीमारी, मौत...और फिर भी लोगों को भगवान पर विश्वास है!

पिंटो : तभी तो—इतने दुखों के बीच में गॉड नहीं होगा तो आदमी बेचारा मौत आने से पहले न जाने कितनी बार मर जाएगा।

[कीर्तन की आवाज़ नज़दीक आती है और धीरे-धीरे दूर चली जाती है।]

रामू : पिंटो, मुझे तो भगवान में बिलकुल विश्वास नहीं है। भगवान होता तो क्या इतने लोग भूखे मरते? हमें चोरी करनी पड़ती?

पिंटो : छोड़ो यार, वो है तो होने दो और नहीं है तो जहन्नुम में जाने दो। अपना दिमाग़ ऐसी फ़ालतू बातों से कायकु ख़राब करने का? चलो, आगे चलो।

रामू : चलो।

[दोनों आगे चलते हैं। किसी घर से रामायण की चौपाइयाँ सुनाई देती हैं। आवाज़ पहले धीमी है फिर ज़ोर से।]

रामू : लगता है, इस घर में रामायण का अखंड पाठ हो रहा है। शायद कोई मर गया होगा।

पिंटो : जिधर देखो, आदमी ख़ाली मक्खी की तरह मरता है।

रामू : वो देखो वो आदमी कुछ बोल रहा है।

एक आदमी : बेचारे का नाम तो धनीराम था, लेकिन हाथ में एक दमड़ी भी नहीं थी।

दूसरा आदमी : भई, नाम से ही काम चल जाता तो सारी दुनिया धनीरामों और लक्ष्मीबाइयों से ही भरी रहती।

[दोनों हँसते हैं।]

एक आदमी : धनीराम अचानक मर गया क्या?

दूसरा आदमी : काफ़ी दिनों से बीमार चल रहा था। तपेदिक की बीमारी थी। न इलाज के पैसे, न खाने के।

एक आदमी : सुना है कि उसका भाई काफ़ी अमीर है। उसने कोई मदद नहीं की?

दूसरा आदमी : इस कलजुग में भाई क्या और माई क्या? सब अपना स्वारथ देखते हैं।

एक आदमी : लेकिन ख़ून का भी तो एक रिश्ता होता है न?

दूसरा आदमी : आजकल तो रिश्ता सिर्फ़ एक चीज़ का होता है—रुपयों की खनखनाहट हो तो सब अपने भाई और नहीं तो अपना पेट भी पराया लगता है।

एक आदमी : नहीं, नहीं, अभी ज़माना इतना तो नहीं बिगड़ा।

दूसरा आदमी : क्या बात कर रहे हो? तुम्हारे पैर शायद ज़मीन पर नहीं हैं। इस मिट्टी का तो अब रंग भी बदल गया है, ख़ुशबू भी।

रामू : ये आदमी बिलकुल ठीक कह रहा है पिंटो।

पिंटो : हम जब साँस लेते हैं तो न जाने कैसी बूएँ शरीर में घुस जाती हैं?

पिंटो : हाँ, यार, ज़माना बिलकुल बदल गया है। अपन का दिमाग़ तो जब देखो गड़बड़ हो जाता है। चल, आगे चल।

[दोनों चलते हैं। चौपाइयों का स्वर धीमा होकर बन्द हो जाता है।]

रामू : इन लोगों की बात बिलकुल ठीक थी यार। तुम्हारा क्या ख़याल है?

पिंटो : वो दूसरावाला ठीक कह रहा था। पैसा ही सबकुछ है।

रामू : नहीं पिंटो, तुम क्या समझते हो, ये अमीर लोग सुखी लोग हैं?

पिंटो : और नहीं तो क्या? उनको अपनी दाल-रोटी के लिए रात-रात भर रास्तों पर घूमना नहीं पड़ता। हमारी तरह पुलिस से बचकर भागना नहीं पड़ता।

रामू : अरे तुझे क्या मालूम? हम रास्ते के चौकीदारों से डरकर छुपते हैं और वे बड़े-बड़े पुलिस-कमिश्नरों से डरकर छुपते हैं। उनके पीछे तो सी.आई.डी. पड़ी होती है। बिना बेईमानी के कोई अमीर हो सकता है?

पिंटो : बस कर रामू, अब जास्ती मत बोल। आज माल तो कुछ मिला नहीं और फोकट में भेजा भी सारा गड़बड़ हो गया।

रामू : ये तो हमारा रोज़ का धन्धा है पिंटो। रोज़ रात को हम इस शहर की सुनसान गलियों में काली बिल्ली की तरह चुपचाप घूमते हैं, घरों में घुसते हैं और कुछ न कुछ चुराकर अपनी जेब भरते हैं।

पिंटो : लेकिन आज तो शुरुआत ही ग़लत हो गई। वो सलमा की बच्ची न जाने कौन थी!

रामू : वो जो भी थी, बेचारी की तकदीर में उस दिन मरना था, सो मर गई। अब आगे चलो।

[मन्दिर से घंटे और शंख की आवाज़। मस्जिद से आज़ान की आवाज़।]

रामू : अरे, सुबह हो गई ?

पिंटो : अभी तो अँधेरा है।

रामू : सर्दियों में रात लम्बी होती है इसलिए पता ही नहीं चलता। चल जल्दी से, अपनी खोली का रास्ता पकड़।

पिंटो : लेकिन अपन हैं कहाँ ?

रामू : हम...हम...अरे, वो रेल की पटरी कहाँ गई ?

पिंटो : पता नहीं। अपन कु तो कुछ समझ में नहीं आता।

[गुरुद्वारा से भजन सुनाई देता है। स्वर धीमा है। उसके साथ ही रामू बोल रहा है।]

रामू : पिंटो, रात-रात भर इस तरह मारे-मारे फिरना अब अच्छा नहीं लगता।

पिंटो : हाँ, यार, अपन कु भी आज कुछ अजीब-सा लगता है। ऐसा अपन कु पहले कभी नहीं लगा।

रामू : आज की रात कोई ख़ास रात है शायद।

पिंटो : वैसे तो ऐसी ज रात है जैसी और सब होती है, लेकिन आज लगता है कि अपन के ऊपर से कोई फ़रिश्ते का हाथ घूम गया है। अपन अब वो नहीं रहा। पता नहीं अपन कौन है ?

रामू : हाँ, पिंटो, मुझे भी ऐसा लग रहा है। मानो मुझे कोई खींच-खींचकर कीचड़ से बाहर निकाल रहा है। कहीं और ले जा रहा है। मैं कौन हूँ? कहाँ हूँ? मुझे कुछ नहीं मालूम।

पिंटो : हाँ, यार, कम्बख़्त ज़िन्दगी भी बड़ी बेईमान चीज़ है। एक रात में क्या-क्या गुल खिलाती है!

[रात को सुनी हुई आवाज़ें फिर से सुनाई देती हैं।]

1 : प्रथम महिला और पुरुष का रोना।

2 : बारात के बैंड-बाजे और फिर चिट्ठी पढ़ती हुई सविता की आवाज़ : 'और मैं... मैं ठीक ही हूँ...कैसे पता चले ?'

3 : आग के समय औरत-आदमी के संवाद।

4 : मियाँ—'पैसे क्या पेड़ पर उगते हैं? ...चोर-लुटेरा समझ रखा है क्या?'

5 : कीर्तन की आवाज़।

6 : चौपाई का धीमा स्वर और दूसरे आदमी की आवाज़ : 'इस कलजुग में...अपना पेट भी पराया लगता है।'

7 : मन्दिर के घंटे, आज़ान, गुरुद्वारा से भजन—तीनों एक साथ)

[अचानक बिजली कड़कती है, तूफ़ान और बारिश। उसी के साथ आग के समय की चीख़ें सुनाई देती हैं। महिला का 'बचाओ, बचाओ' स्वर। बारिश की हलकी आवाज़ चलती रहती है।]

रामू और पिंटो : *(घबराई हुई आवाज़ में)* कौन चिल्ला रहा है? कौन है? कहाँ... कहाँ है? ये-ये तो मेरी बीवी...रोज़ी की आवाज़ है।

[दूर से चीख़ें सुनाई देती हैं। बच्चों के रोने की आवाज़।]

रामू : नन्दू, नन्दू, कहाँ है तू? रो क्यों रहा है? मैं आ रहा हूँ।

[दूसरे आदमी का संवाद : 'इस मिट्टी का तो अब रंग भी बदल गया है ख़ुशबू भी'—'ऐको' में दो बार रिपिट। 'बदल गया है...बदल गया है...' दो बार रिपिट। अब भी चीख़ें और तूफ़ान की आवाज़। उसी के बीच ट्रेन की तीखी सीटी बजती है और तेज़ रफ़्तार से ट्रेन चलती है।]

खिड़की खोल दो

पात्र-परिचय

ममता	बिट्टू
सविता	बुज़ुर्ग पुरुष
रमेश	बुज़ुर्ग महिला
अमित	पंकज
पिंकी	लड़का
लड़की	

[रात का समय। बादल गरजने और बारिश की आवाज़]

ममता : माँ, मुझे डर लग रहा है।

सविता : डर किस बात का बेटी? सो जा।

ममता : कितनी ज़ोर से बारिश हो रही है! हमारा घर टूट तो नहीं जाएगा?

सविता : यह तो पक्का घर है। ऐसी बारिश में थोड़े ही टूट जाएगा? अभी तो बहुत रात बाकी है। सो जा।

रमेश : सविता, खिड़की बन्द कर दो। पानी अन्दर आ जाएगा।

ममता : खिड़की से कितनी अच्छी हवा आ रही है? खुली रहने दो न? जब पानी अन्दर आए तब बन्द कर देना।

रमेश : *(ज़ोर से)* नहीं, नहीं, बन्द कर दो, कहा न एक बार?

अमित : *(नींद से जागकर)* क्या हुआ? बापू चिल्ला क्यों रहे हैं?

सविता : कुछ नहीं हुआ। सो जाओ सब। अभी खिड़की बन्द कर देती हूँ।

[सविता खिड़की बन्द करती है और ममता के पास आकर लेटती है। बारिश की आवाज़ धीमी]

ममता : *(धीरे से)* माँ, एक बात पूछूँ?

सविता : अब आधी रात को तुझे बात करने की सूझ रही है? सुबह बात करना।

[रमेश के खर्राटे सुनाई देते हैं।]

ममता : *(धीरे से)* बापू कितनी ज़ोर से खर्राटे मार रहे हैं। इतने शोर में मुझे तो नींद ही नहीं आ रही।

सविता : तू तो पैदा हुई है तब से ये खर्राटे सुन रही है। अब तो आदत पड़ जानी चाहिए।

ममता : वैसे, माँ, बात कुछ और है। जब तक तुझे कहूँगी नहीं तब तक नींद ही नहीं आएगी।

सविता : मन-ही-मन भगवान का नाम ले। एकदम से नींद आ जाएगी।

ममता : *(रूठती हुई)* तुम्हें दिन में फ़ुर्सत ही कहाँ होती है मेरी बात सुनने की?

सविता : अच्छा, अब बता ही डाल। नहीं तो ख़ुद भी नहीं सोएगी और मुझे भी सोने नहीं देगी।

ममता : *(फुसफुसाकर)* माँ, उस दिन बापू और तुम मेरे ब्याह की बात कर रहे थे क्या?

सविता : और नहीं तो किसके? अब तू अठारह साल की हो गई है। कितने दिन घर में बिठाए रखेंगे?

ममता : लेकिन अभी तो मैं पढ़ रही हूँ। मुझे कम-से-कम बी.ए. तो कर लेने दो।

सविता : मैं जब ब्याह के आई थी तब मेरी उम्र सिर्फ़ तेरह साल की थी।

ममता : वह ज़माना और था। अब दुनिया बदल गई है। मुझे प्लीज़, बी.ए. कर लेने दो।

सविता : तेरी तक़दीर अच्छी होगी तो ब्याह के बाद भी तू पढ़ाई कर पाएगी।

ममता : नहीं माँ, मैं अभी ब्याह नहीं करूँगी। किसी भी हालत में नहीं करूँगी। तुम बापू को भी यह बात बता देना।

सविता : *(उबासी लेती हुई)* सुबह बात करेंगे। अब सोने दे।

ममता : सुबह होते ही कोल्हू के बैल की तरह तुम काम में लग जाओगी। मैं स्कूल चली जाऊँगी।

सविता : देखो ममता, तुम्हारे माँ-बाप जो करेंगे, तुम्हारी भलाई के लिए करेंगे।

ममता : मेरी मर्ज़ी के खिलाफ़ मुझे अनजानों के बीच धकेल देना भलाई है क्या?

सविता : बहुत ज़्यादा बोलने लगी हो। तुम्हें पढ़ाना ही नहीं चाहिए था।

ममता : हाँ, माँ, मेरी भी तेरह साल की उम्र में शादी कर देनी चाहिए थी और फिर मैं भी तुम्हारी तरह हर डेढ़ साल में एक बच्चा जनने लगती।

सविता : *(डाँटती हुई)* बड़ी मुँहफट हो गई है!

रमेश : *(ज़ोर से)* क्या बात है सविता? तुम लोगों ने आधी रात को यह क्या चला रखा है?

सविता : ममता को नींद नहीं आ रही।

रमेश : क्या हुआ ममता? नींद क्यों नहीं आती है?

ममता : मैं खिड़की खोल दूँ बापू? बड़ी घुटन हो रही है।

[बादल गरजने की आवाज़]

रमेश : अब भी बारिश हो रही है। मत खोलो खिड़की, सो जाओ चुपचाप।

सविता : *(ममता को धीरे से)* सो जा अब।

ममता : अँ...

[सन्नाटा। सुबह आकाशवाणी के सिग्नेचर ट्यून की आवाज़ और एनाउंसर का बोलना कि अभी सुबह के पाँच बजकर छप्पन मिनट हुए हैं। बाक़ी की आवाज़ धीमी हो जाती है।]

ममता : माँ, मेरा बेल्ट नहीं मिल रहा।

अमित : ममता, तुमने मेरा पेन कहाँ रखा है?

ममता : मुझे क्या मालूम?

अमित : कल शाम को पेन तेरे हाथ में देखा था।

ममता : फिर भैया ने लिया था। उनसे पूछ।

अमित : भैया अभी सो रहे हैं।

ममता : अरे हाँ, याद आया। रात को पिंकी उस पेन से अपनी कॉपी में कुछ लिख रही थी।

अमित : तुम लोग भी अजीब हो। चीज़ ठिकाने रखी नहीं जाती तो लेते क्यों हो? *(चिल्लाता है)* पिंकी...अरी ओ पिंकी?

पिंकी : *(चिल्लाकर)* मैं नहा रही हूँ।

अमित : *(चिल्लाकर)* मेरा पेन कहाँ रखा है?

पिंकी : मैंने बिट्टू को दिया था, तुम्हें देने के लिए।

अमित : उफ़-ओ! बिट्टू... अभी तक सो रहा है? उठ बिट्टू, उठ जल्दी से।

बिट्टू : *(नींद भरी आवाज़ में)* अँ... ?

अमित : आज स्कूल नहीं जाना है क्या?

बिट्टू : *(नींद भरी आवाज़ में)* आज हमारी छुट्टी है।

अमित : मेरा पेन कहाँ रखा है?

बिट्टू : मुझे क्या मालूम?

अमित : *(गुस्से से)* यह क्या मज़ाक बना रखा है? ये कहे उसके पास, वो कहे उसके पास। मेरी बस छूट जाएगी।

बिट्टू : मैंने थोड़े ही लिया है?

अमित : अब बिस्तर से खड़ा हो जा और ज़रा ढूँढ़ने लग। कहाँ गया मेरा पेन?

रमेश : अरे अमित, बेटा, पेन तो मेरे पास है। रात को मैं मामा जी को चिट्ठी लिख रहा था, ममता के ब्याह की बात बतानी थी। यह ले।

अमित : ममता का ब्याह? लेकिन बापू, अभी तो वह पढ़ रही है।

रमेश : लड़की को इतना पढ़ने की क्या ज़रूरत है? तेरी माँ ने जब इस घर में क़दम रखा तब वह तेरह साल की थी। और ममता तो अठारह साल की हो गई।

ममता : अमित, तेरी बस छूट जाएगी। अब पेन उठा और भाग यहाँ से।

[अमित जाता है।]

ममता : *(झिझक के साथ)* बापू, वैसे अमित ठीक ही कह रहा था।

रमेश : अब इसे स्कूल नहीं जाना है क्या? हँ, सुबह-सुबह बाप से बहस करने लगी है!

सविता : *(भीतर से)* ममता, चाय ले जा तेरे बापू के लिए।

ममता : *(ग़ुस्से से)* आ रही हूँ।

सविता : यह ले। यह कप बापू को देना और यह भैया को।

ममता : भैया तो अभी सो रहे हैं।

सविता : सोने दे बेचारे को। काफ़ी थका हुआ था कल।

ममता : *(व्यंग्य से)* कौन-सा पहाड़ खोदा था जो थक गए थे? दिनभर दोस्तों के साथ सैर-सपाटा और घर में आकर नवाबी। लड़का जो ठहरा!

सविता : *(नाराज़गी से)* ममता! तू आजकल बहुत बोलने लगी है। हमारे ज़माने में तो लड़कियों की ज़बान ही नहीं चलती थी।

ममता : तभी तो उसका इतना शोषण होता रहा है। बाप, बेटा या पति उसे कहे—बैठ, तो बैठ जाएगी और कहे—उठ, तो उठ जाएगी।

सविता : और यह आजकल की बदतमीज़, बेहया लड़कियाँ माँ-बाप को जवाब देने लगी हैं।

ममता : अपनी बात कह पाना बदतमीज़ी नहीं है माँ! लड़की भी एक इन्सान है। उसका भी अपना...

सविता : बस-बस, मेरे सामने भाषण झाड़ने की कोई ज़रूरत नहीं है। उफ़! चाय भी ठंडी हो गई होगी। बापू को चाय दे दे और अपना बस्ता उठाकर स्कूल जा।

ममता : *(ग़ुस्से से)* जी। जा रही हूँ।

[जाती है।]

रमेश : *(ग़ुस्से से)* सविता...इधर आओ।

सविता : जी, आ रही हूँ। *(जाती है)* क्या बात है?

रमेश : *(कप-प्लेट फेंकने की आवाज़। ग़ुस्से से)* बिलकुल ठंडी चाय है।

ममता : बापू, मेरी ग़लती है। माँ को मत डाँटो।

रमेश : तू और तेरी माँ, सब एक ही जैसे हो। जाओ, गरम चाय लेकर आओ।

[ममता और सविता रसोई में जाती हैं।]

ममता : *(सकपकाकर)* यूँ चाय ठंडी हो गई तो कप फेंकने की क्या ज़रूरत थी? सारी चाय बिस्तर पर गिर गई। अब चद्दर कौन धोएगा? बापू?

सविता : कैसी बात करती हो तुम? मेरे होते हुए बापू क्यों कपड़े धोएँगे?

ममता : माँ, तुम बापू के पैर धोकर वह पानी भी पी लिया करो। अगले जनम में यह पुण्य काम आएगा।

सविता : चुप कर। कैंची की तरह ज़बान चलाए जा रही है।

ममता : मैं जा रही हूँ। शाम को लौटने में देर होगी।

सविता : देर क्यों?

ममता : कल हमारे स्कूल में ड्रामा है। आज उसका ड्रेस रिहर्सल है। बापू, तुम, भैया, अमित, पिंकी व बिट्टू—सब हमारा ड्रामा देखने आओगे। *(जाते हुए)* दरवाज़ा बन्द करना।

[दूसरे दिन, ढोल-नगाड़े की आवाज़]

ममता : बहनो और भाइयो। हमारे स्कूल के वार्षिकोत्सव के रंगारंग कार्यक्रम में आप सबका स्वागत है। आज हम आपके सामने प्रस्तुत करने जा रहे हैं एक लघु नाटिका—'प्रश्न क्यों न पूछें?'

समूहगान : फूल का रंग लाल क्यों?
इन्द्र धनुष सतरंगी क्यों?
फूल का रंग लाल क्यों?
इन्द्र धनुष सतरंगी क्यों?
मछली क्यों तैरे पानी में?
पंछी क्यों उड़ता गगन में?

मछली क्यों तैरे पानी में?
पंछी क्यों उड़ता गगन में?
क्यों? क्यों? क्यों?
जी हाँ, क्यों? क्यों? क्यों?

बुज़ुर्ग पुरुष : लो, ये भी कोई सवाल है?

बुज़ुर्ग महिला : यह सब तो कुदरत का कमाल है।

ममता : इसी में तो हम मार खा गए जनाब! कुदरत का कमाल। प्रभु की लीला।

पंकज : क़िस्मत की बलिहारी।

ममता : जाऊँ वारी वारी।

[सब हँसते हैं।]

ममता : अरे भई, कभी प्रश्न भी पूछा करो। हमारे आसपास जो सब हो रहा है, वह क्यों हो रहा है?

बुज़ुर्ग पुरुष : जो सदियों से चला आ रहा है, जो हमारे बाप-दादा करते आ रहे हैं, वह सब क्या ग़लत है?

बुज़ुर्ग महिला : मेरी माँ ने कहा था कि काली बिल्ली रास्ता काट जाए तो अपशगुन होता है।

बुज़ुर्ग पुरुष : और मेरे बाप ने कहा था कि रात के समय पीपल के पेड़ के नीचे से नहीं गुज़रना। उस पेड़ पर भूत का वास होता है।

बुज़ुर्ग महिला : मेरी माँ क्या झूठ बोली थी?

बुज़ुर्ग पुरुष : मेरा बाप भी क्या झूठ बोला था?

बुज़ुर्ग महिला : मैंने मेरे बच्चों को वही सिखाया जो मेरी माँ ने मुझे सिखाया था।

बुज़ुर्ग पुरुष : और मैंने भी मेरे बच्चों को वही सिखाया जो मेरे बाप ने मुझे सिखाया था।

ममता : एक ज़माना ऐसा भी था जब लोग मानते थे कि पृथ्वी सपाट है और सूरज उसके चारों ओर घूमता है।

पंकज : और अब हम सब जानते हैं कि पृथ्वी गोल है और वही सूरज के चारों ओर घूमती है।

बुज़ुर्ग पुरुष : तुम आजकल के छोकरे कुछ ज़्यादा ही बोलते हो।

बुज़ुर्ग महिला : हमारे ज़माने में तो लड़की के मुँह में ज़बान है भी या नहीं, इसका पता ही नहीं चलता था।

ममता : लेकिन हम सब जानते हैं कि ज़बान लड़की के भी होती है। समाज चाहता है कि उस पर ताला लगे रहे।

पंकज : चेहरा लड़की का भी होता है लेकिन समाज चाहता है कि वह घूँघट से ढका रहे।

ममता : आज हम बीसवीं सदी की लड़कियाँ घूँघट हटाकर ज़बान पर लगा हुआ ताला खोलकर प्रश्न पूछना चाहती हैं।

बुज़ुर्ग पुरुष : क्या है तुम्हारा प्रश्न?

बुज़ुर्ग महिला : ज़रा हम भी सुनें।

ममता : प्रश्न तो हमारे कई हैं। सारे सवाल पूछने बैठूँगी तो यहाँ से कोई सात दिन तक हिल नहीं पाएगा। इसलिए कुछ महत्त्वपूर्ण सवालों को आपके सामने पेश करती हूँ। आप सब ग़ौर से सुनिए।

पंकज : सुनने के बाद अपने मन में, अपने-आपसे वही सवाल पूछिए और फिर बताइए उसका जवाब।

ममता : तो जनाब, मेरा पहला सवाल है कि हमारे समाज में लड़के को महत्त्व दिया जाता है, लड़की को क्यों नहीं दिया जाता ?

पंकज : सुना आप सबने ? हमारे समाज में लड़के को महत्त्व दिया जाता है, लड़की को क्यों नहीं दिया जाता ? है किसी के पास इस प्रश्न का उत्तर ?

लड़की : मैं बताऊँगी।

पंकज : बताइए।

लड़की : कारण लड़की के लिए दहेज़ देना पड़ता है। जब कि लड़का दहेज़ लाता है।

ममता. : दहेज़ की प्रथा हमारे समाज ने ही शुरू की और अब वह कुरीति बहुत गहरी जड़ें डाल बैठी है। सारे समाज ने अपनी पूरी ताक़त लगाकर उसे उखाड़ न फेंका तो वह विषवृक्ष चारों ओर अपना ज़हर फैला देगा।

लड़का : एक और बात भी है।

ममता : बताइए।

लड़का : माँ–बाप जब वृद्ध हो जाते हैं तब लड़का उनकी देखभाल करता है। लड़की तो पराये घर की होती है।

ममता. : और जो लड़के माँ–बाप को कहीं का न छोड़कर विदेशों में रह जाते हैं या यहीं अपना अलग घर बसा कर उनको पानी तक नहीं पूछते, उनका क्या ?

बुज़ुर्ग पुरुष : बिलकुल ठीक कहा बेटी। मेरा बेटा और मैं एक ही शहर में रहते हैं लेकिन वह मेरे पास तब आता है जब उसे पैसे की ज़रूरत हो। भाड़ में जाए ऐसे बेटे !

बुज़ुर्ग महिला : मेरी बेटी का ससुराल मेरे ही मोहल्ले में है। बेचारी हर दूसरे दिन मेरा हाल पूछने आती है। जुग–जुग जीए मेरी बेटी !

ममता : मेरे प्रश्न का उत्तर अपने–आप निकल आया है। अब सुनिए मेरा दूसरा प्रश्न। लड़की का अपना स्वतंत्र अस्तित्व है या नहीं ?

पंकज : मैं सवाल दोहरा रहा हूँ। आप लोग ध्यान से सुनिए। लड़की का अपना स्वतंत्र अस्तित्व है या नहीं?

लड़का : बिलकुल नहीं। उसे अपने पिता, पति या पुत्र का सहारा न हो तो वह जी ही नहीं सकती।

लड़की : समाज ने लड़की को चन्द्रमा बना दिया है। उसकी अपनी रोशनी नहीं होती। वह तो दूसरों की रोशनी से ही चमक पाती है।

लड़का : जी हाँ, जब सूरज न हो, यानी जिस महिला का पिता, पति या पुत्र न हो, उसकी ज़िन्दगी चन्द्रग्रहण के समय चन्द्र जैसी अँधियारी हो जाती है।

ममता : मैं आप लोगों से बिलकुल सहमत नहीं हूँ।

दो-चार लड़कियों की आवाज़ें : मैं भी सहमत नहीं हूँ।

ममता : समाज ने औरत को बच्चे पैदा करने की एक मशीन बनाकर रखा है। वह बच्चा जने, उसे सीने से लगाए रखे। फिर एक बच्चा जने, उसे भी सीने से लगाए रखे। फिर और एक बच्चा जने। और यह सिलसिला ख़त्म ही न हो। उस माँ को फ़ुर्सत कब मिलेगी अपने बारे में कुछ सोचने की?

लड़की : पुरुष के इस स्वार्थ से न केवल जनसंख्या बढ़ती है, औरत अपने शरीर पर भी अधिकार खो बैठती है!

ममता : जी हाँ। औरत सम्मानपूर्वक जीना चाहती है। अपने अधिकारों के लिए लड़ना चाहती हैं। उसे बच्चा चाहिए या नहीं, इस बारे में वह भी अपनी बात बताना चाहती है।

लड़की : उसे विवाह करना भी है या नहीं, कोई उसे पूछे तो सही?

पंकज : बहनो और भाइयो, अब ज़माना बदल गया है। वह ज़माना और था जब लड़की को एक गूँगी गाय की तरह कहीं भी ले जाकर, किसी भी खूँटे पर बाँध दिया जाता था।

ममता : आज की लड़की पढ़ना चाहती है। काम करना चाहती है। आर्थिक दृष्टि से स्वतंत्र होना चाहती है। अपने माँ-बाप की देखभाल करना चाहती है।

पंकज : आज की लड़की सूर्य की रोशनी से चमकने वाला चाँद नहीं है। वह ख़ुद स्वयं प्रकाशित सूर्य है।

ममता : जी हाँ, वह पुरुष का साया नहीं है। उसकी अपनी हस्ती है।

[तालियाँ]

ममता : आज की औरत को अपने बारे में निर्णय लेने का पूरा अधिकार है।

पंकज : उसका हाथ माँगने वाला पुरुष उसे पसन्द न हो तो वह मना कर सकती है।

ममता : उसे बच्चा नहीं चाहिए तो वह परिवार नियोजन के तरीक़े अपनाकर उसे रोक सकती है।

बुज़ुर्ग पुरुष : अरी छोकरी! एक बात बता।

ममता : कहिए चाचा जी!

बुज़ुर्ग पुरुष : आजकल की लड़कियाँ क्या माँ बनना नहीं चाहतीं?

ममता : ज़रूर चाहती हैं। लेकिन उनकी मर्ज़ी के खिलाफ़ अगर कोई चीज़ उन पर थोप दी जाए, जो उसके मन और शरीर, दोनों पर बोझ बन जाए, ऐसी स्थिति वह कतई नहीं चाहती।

[तालियाँ]

ममता : तो बहनो और भाइयो, नाटक का प्रारंभ हमने कुछ प्रश्नों से किया था। अन्त भी प्रश्नों से ही करते हैं।

पंकज : ये प्रश्न आपको सही लगे तो आप भी हमारे सुर में सुर मिलाइए।

ममता और पंकज : *(ढोलक के साथ)* औरत से अन्याय क्यों?
अधिकार उसके छीने क्यों?

सब : औरत से अन्याय क्यों?
अधिकार उसके छीने क्यों?

ममता और
पंकज : लड़की से लड़का क्यों ऊँचा?
लड़की का सिर सदा क्यों नीचा?

सब : लड़की से लड़का क्यों ऊँचा?
लड़की का सिर सदा क्यों नीचा?

ममता और
पंकज : क्यों? क्यों? क्यों?

सब : जी हाँ, क्यों? क्यों? क्यों?

[ज़ोर से ढोलक की आवाज़। उसी के साथ गूँजता है 'क्यों'? क्यों? क्यों? जी हाँ, क्यों? क्यों? क्यों?]

[शान्ति]

लड़की : जब इतने प्रश्न उठाए तो उसके जवाब भी बता दीजिए।

ममता : ज़रूर बताऊँगी। मेरे जवाबों से यदि आप सब सहमत हैं तो आप भी मेरे सुर में सुर मिलाइए।

सब : जी हाँ, हम ज़रूर मिलाएँगे।

पंकज : *(हँसता हुआ)* लेकिन पहले जवाब तो सुन लीजिए। शायद इनके जवाब आपको ठीक न भी लगे।

ममता और
पंकज : *(ढोलक के साथ)*
औरत अन्याय नहीं सहेगी।
अधिकार अपने लेके रहेगी।

सब : अधिकार अपने लेके रहेगी। औरत अन्याय नहीं सहेगी।

ममता और
पंकज : लड़के के बराबर ही है लड़की
सिर ऊँचा करके ही चलेगी।

सब : लड़के के बराबर ही है लड़की।
सिर ऊँचा करके ही चलेगी।

[ढोलक की आवाज़ और ख़ूब ज़ोर से तालियाँ। तालियों की आवाज़ धीरे-धीरे बन्द हो जाती है।]

सविता : ममता ने तो कमाल कर दिया। क्यों जी, आपको कैसा लगा?

रमेश : *(गम्भीरता से)* हाँ, अच्छा था।

सविता : इतने गम्भीर क्यों हो गए? उसने कोई ग़लत बात बताई है क्या?

रमेश : नहीं, ग़लत तो नहीं। लेकिन ऐसी बातों को गले उतारना ज़रा मुश्किल तो है ही।

सविता : वह इसलिए कि नाटक के बुज़ुर्ग आदमी और औरत के जो ख़याल हैं, वही हमारे रहे हैं। हम उन्नीसवीं सदी से बाहर निकलना ही नहीं चाहते।

रमेश : शायद तुम ठीक कह रही हो सविता।

अमित : मैं दीदी को ले आऊँ? सब साथ ही घर चलेंगे।

सविता : चलो, हम सब पहले बधाई तो दे दें। फिर घर चलेंगे।

अमित : वो देखो, वहाँ खड़े हैं सारे आर्टिस्ट।

सविता : *(ख़ुशी से)* ममता कितनी ख़ुश दिखाई दे रही है?

बिट्टू : दीदी तो आज स्टार बन गई।

पिंकी : कितने सारे लोग उसे बधाई दे रहे हैं!

लड़की : क्या ग्रांड नाटक था ममता!

पंकज : और प्रश्न भी कितने सही उठाए थे ममता ने!

लड़की : यह नाटक लिखा किसने था?

पंकज : अरे, तुम्हें नहीं मालूम? ममता ने ही तो लिखा था।

लड़की : क्या बात है ममता, तुम तो छुपी रुस्तम निकलीं!

[सब हँसते हैं।]

लड़का : मुझे लगता है ममता, इस नाटक के और भी शोज होने चाहिए।

पंकज : मुझे भी यही लगता है। अभी स्कूल-कॉलेजों में, रेडियो और टी.वी. पर भी यह दिखाना चाहिए।

लड़की : यार, लोगों की आँखें खोलने की ज़रूरत है।

ममता : सदियों से कुम्भकर्ण की तरह सोते हुए समाज को झकझोरने की ज़रूरत है।

पंकज : देख ममता, तेरी माँ और बापू यहाँ आ रहे हैं। भैया, अमित, पिंकी, बिट्टू—सब आए हैं।

सविता : ममता बेटी!

अमित : दीदी, कांग्रेचुलेशन!

ममता : थैंक्यू अमित! थैंक्यू वेरी मच!

पिंकी : दीदी, बिट्टू कहता है, तुम स्टार बन गई हो।

[सब हँसते हैं।]

ममता : बापू, तुम चुप क्यों हो? नाटक पसन्द नहीं आया क्या?

रमेश : *(झिझकता हुआ)* अँ...क्यों पसन्द नहीं आया? अँ...बहुत अच्छा था। तुमने तो बहुत बढ़िया एक्टिंग की थी!

पंकज : भैया, ममता जिस तरह डायलॉग मार रही थी, वह देखकर लगता था कि वह स्क्रिप्ट से नहीं, अपने दिल से बात कह रही हो!

लड़की : तभी तो उसकी एक्टिंग इतनी नेचुरल थी।

ममता : तुम सच कह रही हो। आज इस नाटक के जरिये मैं काफ़ी कुछ कह पाई हूँ। अब मेरा मन हल्का हो गया है। बारिश के बाद के हल्के-फुल्के बादल जैसा।

[बादल के गरजने और बारिश की हल्की-सी आवाज़]

रमेश : अरे, बारिश शुरू हो गई क्या?

सविता : शायद।

रमेश : तो अब चलो ममता। जल्दी से घर पहुँच जाएँ।

ममता : चलो। अच्छा तो पंकज, रीटा, सबको बाय-बाय! गुडनाइट!

पंकज और लड़की : बाय! गुडनाइट!

ममता : बहुत रात हो गई है क्या?

पिंकी : सिर्फ़ साढ़े दस बजे हैं।

ममता : तब तो लास्ट बस के आने में अभी दस मिनट हैं।

अमित : माँ, तुम ज़रा तेज़ चलो।

[रास्ते पर गाड़ियों की आवाज़]

सविता : अमित, तुम बिट्टू का हाथ पकड़ लो। लगता है, उसे नींद आने लगी है।

ममता : बिट्टू, तूने पूरा नाटक देखा या बीच में सो गया था?

बिट्टू : तुम्हारा नाटक इतना ज़ोरदार था दीदी कि सोता हुआ भी चौंककर जाग उठे।

[सब हँसते हैं। बस के आने की आवाज़]

रमेश : चलो, चलो, जल्दी से चढ़ो। पिंकी, इधर से चढ़ जा।

[कंडक्टर की सीटी बजती है। बस चलती है। बस रुकती है। रास्ते पर गाड़ियों का शोर।]

ममता : मेरा हाथ पकड़ ले पिंकी। माँ, देखकर उतरना। पानी में पैर न फिसले।

रमेश : इस कमबख़्त बारिश को भी इसी वक़्त आना था!

अमित : अब तो कुछ कम हो गई है। अभी पहुँच जाएँगे। अरे बिट्टू, आँखें बन्द करके क्या चल रहा है?

सविता : वो सो ही गया है। उसे गोदी में उठा ले।

अमित : इतना बड़ा लड़का गोदी में? *(मज़ाक करता हुआ)* बिट्टू, ए बिट्टू, माँ कह रही है, बिट्टू छोटी-सी गुड़िया है। उसे गोदी में उठा लो।

[सब हँसते हैं।]

रमेश : यह लो, घर आ गया।

[दरवाज़ा खोलने की आवाज़]

सविता : खाना कौन-कौन खाएगा?

ममता : मैं नहीं खाऊँगी। मुझे बड़ी नींद आ रही है।

अमित : मैंने तो शाम को ख़ूब सारे समोसे खाए थे। मुझे बिलकुल भूख नहीं है।

पिंकी : बिट्टू तो जूतों समेत बिस्तर में सो गया है। और मैं भी सोने जा रही हूँ।

रमेश : सविता, मुझे एक गिलास दूध दे दो। और कुछ खाने की इच्छा नहीं है।

सविता : मैं भी एक केला खाकर सो जाती हूँ। ले अमित, भैया को केला दे दो और दूध भी उसके लिए ले जा।

अमित : लगता है, भैया को नाटक पसन्द नहीं आया। तब से बिलकुल चुप हैं।

[बादल की गर्जन और बारिश]

सविता : ममता! सो गई क्या?

ममता : बस, सोई ही समझो।

सविता : आज तेरा नाटक वाकई बहुत अच्छा था।

ममता : न जाने बापू को कैसा लगा? उन्होंने तो कुछ कहा ही नहीं!

सविता : हमारी पीढ़ी के लोगों को ऐसी बातें एकदम से अच्छी लग भी नहीं सकतीं।

रमेश : ये बात नहीं है सविता! मैंने कब कहा कि मुझे नाटक अच्छा नहीं लगा?

सविता : तो फिर दो अच्छी बातें कहो भी। आपके मुँह से तारीफ़ के दो शब्द सुनकर ममता कितनी ख़ुश होगी! बेचारी ने बहुत मेहनत की है इस नाटक के पीछे।

रमेश : *(थोड़ा-सा झिझककर)* ममता बात ऐसी है कि...

ममता : कहो न बापू, कुछ भी कहो। मैं बुरा नहीं मानूँगी।

रमेश : सच कहूँ बेटी, आज मेरी आँखें खुल गईं।

ममता और सविता : *(एक साथ)* क्या? यह आप क्या कह रहे हैं?

रमेश : सच कहता हूँ। तुम लोगों के सामने मैं यह बात क़बूल करना नहीं चाहता था। तुम्हारे स्कूल से लौटते समय मेरे दिमाग़ में काफ़ी द्वंद्व चलता रहा। एक तो पुरुष का अहम् और उसमें पिता और पति का अहम् भी जोड़ दो।

सविता : क्या कह रहे हैं आप? ऐसी बात तो आपने कभी नहीं कही।

रमेश : जानता हूँ सविता। आज ममता का नाटक देखकर, जो बात महसूस हुई, वह भी तो पहले कभी महसूस नहीं हुई थी।

ममता : वैसे बापू, मैं तो अपने मन की बात ही कह रही थी।

रमेश : वह भी मैं जानता हूँ। कल अमित और तुम, तुम्हारे ब्याह के बारे में मुझसे जो कह रहे थे, वही बात उस नाटक में भी तो थी।

ममता : *(धीरे से)* बापू, एक बात कहूँ?

ममता : पूछ बेटी!

ममता : बापू, मुझे बी.ए. तक पढ़ने दोगे?

रमेश : बी.ए. क्या, एम.ए. तक पढ़ना चाहो तो वह भी पढ़ लो।

ममता : *(ख़ुश होकर)* ओह, बापू, तुम कितने अच्छे हो!

सविता : और ममता का ब्याह?

रमेश : वह भी ममता जब चाहेगी तब ही होगा।

ममता : *(ख़ुशी से)* ओ बापू, यू आर जस्ट वंडरफुल! ओह, माँ, मेरा मन करता है, अभी स्कूल जाकर मेरी सभी सहेलियों को, सभी दोस्तों को यह ख़ुशख़बरी दे आऊँ।

सविता : इस समय तो स्कूल में एक कौवा भी नज़र नहीं आएगा। बहुत रात हो गई है। चलो, अब सो जाओ।

ममता : *(ख़ुशी से)* माँ, बापू, आज मैं इतनी ख़ुश हूँ, इतनी ख़ुश हूँ कि क्या बताऊँ! इस ख़ुशी के मारे मेरी नींद तो न जाने कहाँ उड़ गई?

सविता : कल स्कूल नहीं जाना है क्या?

ममता : ना। आज वार्षिकोत्सव था इसलिए कल छुट्टी है। पर अब तुम सो जाओ माँ। तुम्हारा काम तो पाँच बजकर छप्पन मिनट से पहले ही शुरू हो जाएगा।

सविता : हाँ, भई, मुर्ग़ा बोले या न बोले, अपनी सुबह तो ध्रुव के तारे की तरह अटल।

[दोनों हँसते हैं।]

ममता : *(धीरे से)* माँ, आज हम सब के लिए कितना अच्छा दिन है! मेरी ज़िन्दगी ही बदल गई।

सविता : सच ममता, आज तेरे बापू के मुँह से जो बातें सुनी हैं, वह इतने सालों में मैंने एक बार भी नहीं सुनीं।

ममता : अब तुम देखना माँ, चाय ठंडी हो जाएगी तो बापू कप फेकेंगे नहीं। रसोई में ख़ुद आएँगे और तुमसे गरम चाय माँगेंगे।

सविता : अगर ऐसा हो, तब तो मेरी भी ज़िन्दगी बदल गई समझो।

[बादल की गर्जन और बारिश]

रमेश : सविता, खिड़की बन्द है न? पानी अन्दर आ जाएगा।

ममता : बापू, पानी अन्दर नहीं आएगा। कल रात को आपने यह खिड़की बन्द करवाई थी, वह अब तक बन्द ही है। किसकी मज़ाल है जो उसे खोले!

रमेश : खिड़की खुली हो तो तुम्हें अच्छी नींद आती है न ममता?

ममता : हाँ, बापू। मुझे ठंडी-ठंडी भीनी-भीनी हवा बहुत अच्छी लगती है।

रमेश : तो खिड़की खोल दे बेटी!

ममता : क्या? सचमुच खोल दूँ?

रमेश : हाँ-हाँ, खोल दे खिड़की। आज तू बहुत थक गई है। तुझे चैन की नींद आ जाएगी।

ममता : माँ, सुना तुमने? बापू कहते हैं, खिड़की खोल दो।

सविता : ठीक ही तो कहते हैं। तुझे अच्छी नींद आ जाएगी। उठ, खोल दे खिड़की।

[ममता खिड़की खोलती है।]

ममता : आ...हा...कितनी अच्छी हवा आ रही है! लगता है, जैसे सारी दुनिया मेरे सामने खुल गई! कितनी सुन्दर! विशाल! मेरी अपनी दुनिया! जी करता है, नाचूँ, गाऊँ...

[गीत गुनगुनाती है।]

ooo